一方百宝

齐鲁瑰宝

百件文物看山东

山东博物馆 编著

四川人民出版社

图书在版编目（CIP）数据

齐鲁瑰宝：百件文物看山东 / 山东博物馆编著. --成都：四川人民出版社，2025.5. --（一方百宝）. ISBN 978-7-220-14130-0

Ⅰ．K872.52

中国国家版本馆CIP数据核字第2025G0Z401号

齐鲁瑰宝——百件文物看山东
QILU GUIBAO——BAIJIAN WENWU KAN SHANDONG

山东博物馆　编著

出 版 人	黄立新
选题策划	北京增艳锦添
统筹编辑	蒋科兰　李天果
责任编辑	蒋科兰
特约编辑	温　浩　翁玲玲
责任校对	吴　玥
责任印制	周　奇
封面设计	北京增艳锦添

出版发行	四川人民出版社（成都市锦江区三色路238号）
网　　址	http://www.scpph.com
E-mail	scrmcbs@sina.com
新浪微博	@四川人民出版社
微信公众号	四川人民出版社
发行部业务电话	(028) 86361653　86361656
防盗版举报电话	(028) 86361661

照　　排	北京增艳锦添企业形象策划有限公司
印　　刷	成都市东辰印艺科技有限公司
成品尺寸	155×220mm
印　　张	18.25
字　　数	270千
版　　次	2025年5月第1版
印　　次	2025年5月第1次印刷
书　　号	ISBN 978-7-220-14130-0
定　　价	99.00元

■版权所有·侵权必究

本书若出现印装质量问题，请与我社发行部联系调换
电话：(028) 86361653

《一方百宝》图书系列

总顾问　王　巍

《一方百宝：齐鲁瑰宝——百件文物看山东》编委会

主　　编	刘延常　曹增艳
副主编	王勇军　高　震　温　浩
执行主编	滕　卫
编　　委	于秋伟　庄英博　孙承凯　李　娉　王冬梅　周婀娜 吕　健　周浩然　范菲菲　刘安鲁　李　思　翁玲玲 李天果　汤尧欣　殷莲莲　叶梦雯　杨雪芹　钟玉芬
插画设计	闫宇璠　罗　玉　靳雪影　姚雅舒
封面设计	翁玲玲
平面设计	江雨濛　孙　博　赵海燕
设计指导	刘晓霓
统　　稿	滕　卫　曹增艳
书　　法	张其亮
选题策划	北京增艳锦添企业形象策划有限公司
视觉设计	潍坊增艳企划发展有限公司
支持单位	山东博物馆、山东省文物考古研究院、龙山文化博物馆、滕州市博物馆、莒州博物馆、五莲博物馆、海阳市博物馆、中国社会科学院考古研究所、东营市历史博物馆、山东大学博物馆、济阳博物馆、泰安市博物馆、孔子博物馆、临朐县博物馆、沂源博物馆、济宁市博物馆、枣庄市博物馆、沂水博物馆、齐文化博物院、诸城博物馆、淄博市博物馆、济南市章丘区博物馆、巨野博物馆、临沂市博物馆、济南市博物馆、长清区博物馆、青州市博物馆、嘉祥武氏墓群石刻博物馆、曲阜汉魏碑刻陈列馆、淄川博物馆、兖州博物馆、青岛市即墨区博物馆、菏泽市博物馆

  自古以来,中华大地便如同一位慈祥而宽厚的母亲,以其宽广的胸怀和深厚的底蕴,孕育了璀璨夺目的中华文明。从黄河流域的仰韶彩陶,到长江流域的良渚玉琮;从商周时期的青铜器,到秦汉时期的陶俑;从唐宋的瓷器,到明清的书画……每一次新的发现,都是对中华文明悠久历史的深情回望,对民族文化深厚底蕴的深刻揭示。

  中华大地幅员辽阔,在这片历史悠久的土地上,曾有众多部落、古国、王朝兴衰更替,但文明之火传递不息——中原以包容胸怀凝聚四方多元文化,三秦以皇天后土铸就周秦汉唐辉煌,三晋以交融姿态聚合游牧农耕文明,齐鲁以儒雅风骨奠定礼制根基,荆楚以瑰丽想象绽放楚辞华章,巴蜀以坚韧品格征服群峰天险,吴越以灵秀智慧开创海贸先河……

  每一方水土都在与其他地区的交流与交融中孕育出自己独特的文化,这些文化如同一条条涓涓细流,最终汇聚成中华文明的万古江河。它们见证了历史的沧桑巨变,承载了民族的记忆与梦想,成为我们共同的精神财富。

  正是基于这样的文化背景,"一方百宝"系列图书应运而生。图书以全国每个省级行政区域为单位,汇聚众多专家学者的智慧与心血,从数万、数千年前的文物中精心挑选出百件能代表一方文化的瑰宝作为媒介,将考古学的成果以通俗易懂的方式呈现给广大读者,带领读者穿越时空的隧道,去探寻那延续千年的历史文脉。每一本书都以多样的视角和丰富的内容,为读者呈现出一幅幅绚丽多彩的区域文化画卷。

  考古学的意义不仅在于发现过去,更在于传承文明。每一件文物,都是古代先民智慧和劳动的结晶，它们承载着历史的记忆，传递着文化的精髓。因此，"一方百宝"系列图书不仅是一套关于文物的书籍，更是一部记录文明的作品。在书中，每一件文物都不是冷冰冰的器物，而是一件件历史的活化石、一个个文化的承载者。当我们凝视这些文物时，仿佛是在与古人进行一场心灵的对话，不仅窥见古人的生活与智慧，更能够感受到其中蕴含的深厚文化内涵与民族精神。

在此，我要特别感谢所有参与这一项目的专家学者、编委成员、出版人员，是你们的辛勤付出和无私奉献，才使得"一方百宝"系列图书得以顺利出版。愿"一方百宝"系列图书能够成为广大读者喜爱的精神食粮，能让大家感受到中华文明的博大精深与独特魅力。

著名考古学家

中国社会科学院学部委员、一级研究员

2025年3月6日

序 PREFACE

　　山东，北临渤海，东临黄海，泰沂山系在中部隆起，黄河从这里入海，大运河贯穿南北，独特的自然地理环境，奠定了人类繁衍生息和发展的良好基础，可谓人杰地灵、文化灿烂，是中华文明的重要发祥地和儒家文化的发源地，有60多万年人类居住史、1万多年文化史、5000多年文明史、3000多年齐鲁文化发展史及100余年革命奋斗史。

　　新石器时代，勤劳智慧的东夷先民创造了发达的史前文明，后李文化、北辛文化、大汶口文化、龙山文化一脉相承，构成了早期中华文明的重要支柱。青铜时代，齐国、鲁国登上历史舞台，东夷文化与商文化、周文化交流融合，诞生了辉煌的齐鲁文化，为华夏文明体系的构建贡献了制度框架和精神内涵。秦汉隋唐至宋元明清，国家一统，民族交融，山东成为军事重地、商贸中心，经济文化繁荣；近现代，革命烽火铸就了不屈的沂蒙精神，展现了山东为国家发展、民族独立而奋斗的历程。从古至今，山东创造了一个又一个走在前列的故事，文化繁荣，经济发达，名人辈出，孔子、孙子、墨子等众多古圣先贤对中国思想文化乃至人类文明发展产生了深远影响。

　　悠久的历史、灿烂的文化，遗留下丰富的文化遗产，奠定了山东文物大省的地位。每一件文物都承载着朝代风雨，凝聚着时空力量，诉说着岁月过往，是极为宝贵的历史文化遗产。为了利用好、传承好中华优秀传统文化和齐鲁文化，让文物更好地活起来，我们与北京增艳锦添公司共同策划编写"一方百宝"系列图书。由山东博物馆编写的《一方百宝：齐鲁瑰宝——百件文物看山东》是"一方百宝"系列的开篇之作，以文物为媒，带领读者穿越时空，探寻山东历史文脉，领悟齐风鲁韵的独特魅力。

书中遴选了100件文物精品，以物证史，讲述山东故事。所选文物兼顾时代、地域、质地、造型、工艺、纹饰、铭文等多方面因素，特色鲜明，种类丰富，以时代发展为序，全面展现山东从史前时期到近现代的辉煌瞬间和发展历程。史前时期文物以石器、陶器、玉器为主，备受观众喜爱的红陶兽形壶、八角星纹彩陶豆等明星展品及大口陶尊、陶鬹（guī）、牙璋、牙璧等富有山东特色的文物位列其中，展现了山东地区史前礼制与文明的产生。商周时期以青铜器、玉器为代表，彰显商文化、周文化的东渐，以及齐文化、鲁文化、莒（jǔ）文化和众多古国文化遗存，所选青铜器以亚丑钺、颂簋（guǐ）、裸人铜方奁（lián）等文物为代表，突显山东地域特色，展现当时社会生产力的进步以及青铜时代的神秘与魅力。封建王朝时期，精选瓷器、书画、碑刻、服饰等诸类文物，多方面呈现山东馆藏优势和文物特点。

　　我们从山东省的博物馆馆藏580多万件套文物中选出的100件文物，均为我省的珍贵文物，承载着丰富的历史、艺术、科学价值，许多文物在流传过程中还充满着传奇故事，使本书学术性与趣味性兼备，具有极高的欣赏性和可读性。

　　一方水土，一方人；一方百宝，叙古今。百件文物浓缩了山东省馆藏文物的精华，管窥了山东万千藏品之一斑，希望各位读者能在书页轻翻间，感受到山东历史的厚重和文物的魅力，通过这本书，爱上博物馆，爱上好客山东和齐鲁文化。

刘廷春

山东博物馆馆长

2025年3月19日

目录 CONTENTS

史前时期 海岱星斗

一	沂源猿人头盖骨、牙齿化石——最早"山东人"	002
二	象牙铲——东方有吉象	005
三	石磨盘、磨棒——谷物磨糙皮	008
四	红陶釜——相煎何太急	011
五	玉锛——润玉稀且贵	013
六	带盖褐陶鼎——三足火中立	015
七	红陶兽形壶——俏猪肥又壮	018
八	八角星纹彩陶豆——八方射光芒	021
九	彩陶鼓——花开鼓且舞	024
十	陶质牛角号——号角如螺响	026
十一	刻符灰陶尊——文明露初曙	029
十二	双錾白陶鬶——以鸟名部落	032
十三	黄玉钺——祭崇专玉钺	034
十四	黑陶鸟喙足鼎——神鸟玄为贵	036

十五	蛋壳黑陶高柄杯——杯薄如蝉翼	038
十六	大陶甗——甗王礼见证	041
十七	玉刀——生为东方礼	043
十八	玉牙璋——彰显夏之风	046
十九	玉牙璧、玉有领环——神秘之璇玑	048
二十	兽面纹玉锛——兽面融精华	052
二十一	镶绿松石玉簪——玉清竹有节	055

夏商周时期 齐鲁之邦

二十二	石耜——翻土耕田地	058
二十三	蘑菇钮器盖——"岳石"代言物	061
二十四	圆鼎——商鼎成重器	063
二十五	铜罍和铜斗——盛酒永流芳	066
二十六	铜盉——浓淡自调和	068
二十七	亚醜钺——海岱惟青州	070
二十八	融觯——尊者举觯饮	073
二十九	举方鼎——举族商重用	075
三十	甲骨卜辞——卜骨问吉凶	078
三十一	俏色玉鱼鹰——鸟衔鱼欲舞	081
三十二	龙凤冠人形玉佩——人神玉中凝	084
三十三	裸人铜方奁——形奇意成谜	087
三十四	颂簋——万世颂辉煌	090
三十五	铜胄——身贯甲与胄	093

|三十六| 滕侯方鼎——叔绣始封滕　　095

|三十七| "侯母"铭夔纹铜壶
　　　——用求福无疆　　098

|三十八| 铜觥——肃穆承先泽　　101

|三十九| 窃曲纹"鄂仲"铜盘
　　　——宝盘伴嫁女　　103

|四十| 垂幛纹铜方彝——幕垂无重数　　106

|四十一| 铜书刻工具——何以书简牍　　109

|四十二| 夔龙纹铜壶——龙纹渐不同　　112

|四十三| "佥父"铜瓶——小国亦有交　　115

|四十四| 凤头铜斤——歌功舞大斤　　118

|四十五| 瓦纹罐——龙凤舞琼筵　　121

|四十六| 铜铺——豆盘似竹编　　123

|四十七| 玉戈——戈连商与周　　126

|四十八| 铜餐具——收纳"天花板"　　128

|四十九| 莲瓣纹兽形柄铜豆
　　　——齐楚千秋礼　　131

|五十| 鸭形铜尊——孵卵皆如期　　134

|五十一| 鹰首提梁壶——神鹰吐琼浆　　137

|五十二| 鹰首铜匜——清涟濯素手　　140

|五十三| 铜牺尊——金银绕铜牛　　143

|五十四| 竹节柄铜汲酒器
　　　——气压锁琼浆　　146

|五十五| 镶金银质猿形带钩
　　　——灵猴挂腰间　　148

|五十六| 玉璧——苍璧向天礼　　150

目录　003

|五十七|玉组佩——玉振伴履行　　　　　　　　152

|五十八|玉组佩件——环佩响叮当　　　　　　155

|五十九|乐舞陶俑——礼乐之情同　　　　　　158

秦汉时期 盛世雄风

|六十|泰山刻石——东巡留秦史　　　　　　　163

|六十一|始皇诏陶量——五谷有度量　　　　　166

|六十二|金镦金冒青铜戈——挥举金光璨　　　169

|六十三|鎏金铜熏炉——室雅幽香燃　　　　　172

|六十四|矩形五钮龙纹铜镜——中华第一镜　　174

|六十五|捶揲花瓣纹银盖豆
　　　——"混血"证交融　　　　　　　　177

|六十六|铜编钟、石编磬一组
　　　——金石之声远　　　　　　　　　　180

|六十七|鎏金龙马铜当卢——壮马饰当颅　　　183

|六十八|"重廿一斤"铜臼、"重八斤一两"
　　　铜杵——捣药声声脆　　　　　　　　186

|六十九|玉覆面——温润覆安宁　　　　　　　189

|七十|金镂玉罩——玉衣裹身影　　　　　　　192

|七十一|彩绘载人载鼎陶鸟——双翼载心愿　　195

|七十二|《孙子兵法》《孙膑兵法》竹简
　　　——兵者诡道也　　　　　　　　　　197

|七十三|新莽铜诏版——新朝昭告宣　　　　　200

七十四	"宜子孙"玉璧——子孙承厚德	202
七十五	武梁祠画像石——百事石上刻	205
七十六	吴白庄画像石——坚石镌世俗	207
七十七	张迁碑——汉隶后世典	210
七十八	乙瑛碑——探访汉之碑	212
七十九	东平壁画——鸡犬声声闻	215

魏晋南北朝 乱世清流

八十	青釉胡人骑狮器——胡汉广交流	219
八十一	青釉莲花尊——莲瓣绽交融	221
八十二	蝉冠菩萨像——秀骨多磨难	223
八十三	贴金彩绘石雕佛立像——青州微笑恬	225

隋唐宋金 唐风宋韵

八十四	象首圈足辟雍青瓷砚——水池环"大学"	229
八十五	"天风海涛"琴——四代皇室传	231
八十六	磁青纸金银书画《妙法莲华经》（存六卷）——经变吴家样	234
八十七	无款《葵花蛱蝶扇面图》卷——佳作皇家藏	238

目录 005

元明清 浮世风华

- ‖八十八‖ 青花龙纹梅瓶——潜龙眠深水　241
- ‖八十九‖ 赵孟頫书《雪赋》卷
 ——书文千秋绝　244
- ‖九十‖ 戗金云龙纹朱漆盝顶木箱
 ——金朱永不褪　247
- ‖九十一‖ 镶宝石金带饰——如意映星辉　250
- ‖九十二‖ 九旒冕——金旒显帝威　252
- ‖九十三‖ 梁冠——明仪冠上梁　254
- ‖九十四‖ 朝服——衣冠各有制　256
- ‖九十五‖ 白色暗花纱绣花鸟纹裙
 ——马面婀娜舞　258
- ‖九十六‖ 赵秉忠"状元卷"——忠孝状元郎　260
- ‖九十七‖ 郑燮《双松图》轴——青松见真情　263
- ‖九十八‖ 禹之鼎《幽篁坐啸图》卷
 ——明月来相照　266
- ‖九十九‖ 沉香木狮子／温凉玉圭／黄釉青花
 缠枝莲纹葫芦瓶——泰山三件宝　269

近现代 大道之行

- ‖一百‖ "支前京沪杭 功扬沂蒙山"锦旗
 ——不惜为国捐　274

- **后记**　276

006　齐鲁瑰宝

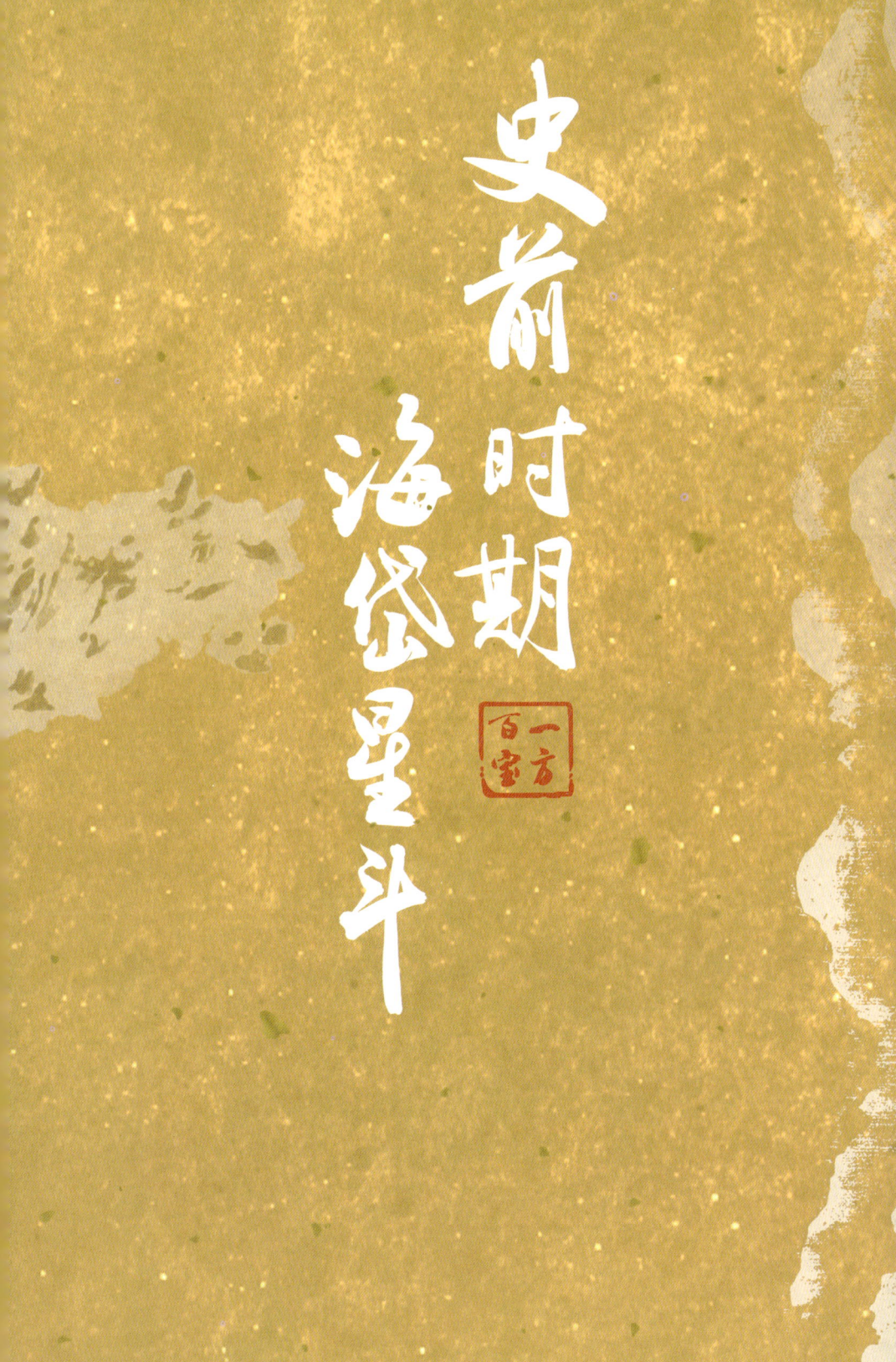

二 沂源猿人头盖骨、牙齿化石
——最早"山东人"

文物登记卡	
名　　称	沂源猿人头盖骨、牙齿化石
所属年代	更新世中期
文物类别	化石
文物尺寸	前囟(xìn)点（额顶点）处厚0.9cm
出土地点	山东淄博沂源县南鲁山镇骑子鞍山
收藏地点	山东博物馆

大约在60万年前，山东地区有一块土地已有古人类繁衍生息，她的名字叫"沂源"，顾名思义，沂水之源。她是沂蒙革命老区的一部分，在山东省中部、淄博市南部。因此，这里曾经生活的远古先民被考古学家命名为"沂源猿人"，又名"沂源人"，他们与生活在距今70万—20万年的"北京猿人"曾共赏一轮明月，在这片山清水秀、河流纵横的古老土地上创造了山东地区的远古文明。

1981年9月，沂源县文物普查小组来到土门镇（今南鲁山镇）九会村骑子鞍山开展工作，他们自己大概也没料到，竟然会在一处不起眼的裂隙堆积中发现一些动物化石，以及与化石混在一起的一件形似瓢状的化石残片。工作人员伸出手指拃（zhǎ）了拃化石的大小，和自己的头颅差不多宽，推测这也许就是一件人类头盖骨的残片。当时的沂源尚无条件对化石进行鉴定，便将它们送到了济南，山东文化局领导立刻派人带着它们前去北京，请著名的考古学家、古人类学家、北京大学考古系教授吕遵谔帮忙鉴定。当吕遵谔第一眼看到这件瓢状化石残片时，就瞪大了双眼，多年的经验告诉他，这绝不是一般的东西。果然，鉴定之后发现，这竟是一件猿人头盖骨化石。

这一消息迅速被《人民日报》等国内多家重要媒体争相报道，顿时引来四面八方对沂源这片土地的关注：原来，最早的山东人生活在这里啊。这个遗址也因此被命名为"沂源猿人遗址"。

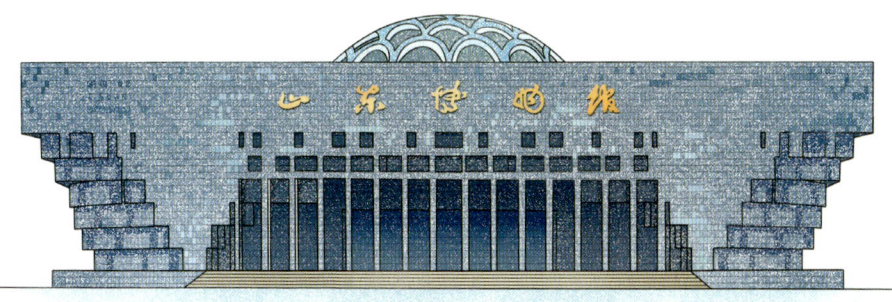

山东博物馆

1982年5月6日,《人民日报》发布"我国古人类考古又一重大发现"的电讯,称:"不久前在山东沂源县骑子鞍山发现了距今四十至五十万年的猿人化石,包括一块头盖骨、七颗牙齿、一块肱骨、一块股骨、一块肋骨、两块眉骨。专家们认为,这是我国古人类考古的又一重大发现。"

　　后经发掘,从该遗址又获得各类伴生动物骨骼化石10余种。最新研究和测年结果显示,沂源人化石的年代应该是64±8万年,比原来认为的年代向前推了20多万年,说明人类先祖至少在距今60万年前就在山东地区繁衍生息了。

　　这一考古发现为探索新石器时代山东地区的文明起源以及早期发展提供了重要线索,填补了我国古人类生活遗迹地理分布的空白,为研究古地理、气候、人类进化和史前文化提供了非常珍贵的资料。作为山东重要的旧石器时代遗址——"沂源猿人遗址",现已成为研究人类学起源的重要科学基地。

象牙铲
—— 东方有吉象

2020年8月的一天，考古人员得知有群众在沂水县跋山水库发现了被水冲出来的动物化石，因此照常前去调查。对于这样的调查，考古人员已经见惯不惊，他们经常接到任务满腔热情地奔赴各类洞穴、工地等处，但大多数时候也只能失望而归。而这次却不同，跋山水库的水带着"使命"冲到了9万年前的地层。很快，对该遗址的考古工作提上日程。

2021年，考古人员已揭露了跋山遗址8个文化层，发掘出5000余件制作精美的石制品、骨角牙制品、动物化石，以及3处用火遗迹和有人类活动的地面。在骨角牙制品中，有动物肢骨、象牙和鹿角磨制的锥形器、铲形器，其中一件用古菱齿象门齿修制而成的大型铲形器十分瞩目。考古人员采用铀（yóu）系法及光释光两种测年方法对象牙铲和同层土壤进行测定，确认其年代为距今9.9万年和10.4万年，是目前中国发现的最早的磨制骨器之一。

在这些出土物的西侧，有一处沼泽曾经存在过的痕迹。也许，史前动物曾不慎失足陷入泥沼，挣扎后反而更深地陷落，于是它们最后沦为途经此地的远古人类的盘中餐，骨头也被制成了各种器具。

考古人员没料到当初不抱希望的考古调查，后来竟发掘出如此罕见的、以象牙为原料制作的实用工具，并且时间距今达到10万年前。多方专家学者都一致认为，跋山遗址包含多个连续的文化层位，对于建立我国东部地区旧石器时代中期文化序列，论证中国乃至东亚人类的连续演化、生存环境具有重大价值。

目前，该遗址的发掘工作仍在进行中，还有更多的未知待专家们宣告于世。

跋山遗址文化层示意图

- 小知识：文化层

　　文化层，也称"文化地层"。专指由于古代人类的活动而残留下来的遗迹、遗物和有机物所形成的堆积层。在人类居住地，通常都会因人类的各种活动，于原来的地表上，堆积起一层层熟土，或扔弃一些生活垃圾，其中往往夹杂有人类生活留下的各种遗迹和遗物，被考古学家称为文化层。同一文化层包含的遗迹和遗物，往往反映一个时期或一种文化的独特面貌。

- 小知识：古菱齿象

　　古菱齿象生活于距今20万—1万年前的中新世至更新世晚期，主要分布于亚洲和非洲，在国内多分布于华北、华东等地。

　　古菱齿象的显著特征为臼齿磨蚀后形成的菱形齿板结构，其名称也源于此。

　　古菱齿象体型较大，成年象体可达10—14吨，肩高可达4米，其与现代象存在亲缘关系，但在演化上更为原始。化石记录显示，它们在更新世末期逐渐灭绝，可能与气候变化和人类活动有关。

古菱齿象

石磨盘、磨棒
—— 谷物磨糙皮

文物登记卡	
名　　称	石磨盘、磨棒
所属年代	新石器时代 后李文化
文物类别	石器
文物尺寸	磨盘长82cm　宽20~30cm　磨棒长46cm　直径7.5cm
出土地点	山东济南章丘西河遗址
收藏地点	龙山文化博物馆（城子崖遗址博物馆）

已录入

西河遗址位于山东省济南市章丘区龙山镇龙山三村西北200米处，东距龙山文化发现地城子崖遗址约2000米，是山东省境内新石器时代早期文化遗址中，保存较好、面积较大、内涵丰富的一处典型聚落遗址，因其南、西、北三侧被巨野河支流——西河环绕而得名。该遗址面积约16万平方米，主要分布在泰沂山北麓的山前平原地带，优越的地理环境为农业的产生和发展提供了良好的基础。这组石磨盘、磨棒是农业出现的"见证者"，现藏于龙山文化博物馆"西河文化（后李文化）"展厅内。

石磨盘、石磨棒在新石器时代的石制品中比较常见，在历次考古发掘中也多有发现。这组石磨盘、磨棒器形完整，质地为浅灰色砂岩，上面有明显使用痕迹。截至目前，在已发现的其他同时期的遗址中，均未发现器形如此巨大的同类石器。

尽管石磨盘、石磨棒看上去十分简陋，却是新石器时代乃至以后铜器时代的许多地区的重要农具，它们是人类使用最早、延续时间很长、流传范围很广的谷物加工农具。它们配合使用的功能大抵有两类，一是去壳，二是磨粉。使用时，把谷物放在石磨盘上，然后用手推石磨棒，让它在磨

龙山文化博物馆

史前时期 海岱星斗　009

盘上来回碾压，就能把难以下咽的谷壳去掉或将谷物磨成更细的粉。

　　章丘历来是皇家贡品龙山小米的故乡。龙山小米最早作为野生粟出现，经科学考证可追溯到七八千年前。2008年，考古人员在西河遗址第三次发掘采集的土样中，通过实验室的浮选、检测，发现了炭化稻米，通过微痕分析和淀粉粒分析，印证了石磨盘、石磨棒研磨谷物的功能。在以后近4000年的历史中，石磨盘、石磨棒都是加工谷物、坚果以及豆类的主要工具。

　　西河遗址的发掘为黄河下游地区新石器时代早期**考古学文化**研究和聚落考古研究提供了极为珍贵的实物资料。

● **小知识：后李文化**

　　后李文化距今9000—7000年，遗址主要分布在泰沂山北麓的山前平原地带，优越的地理环境为农业的产生和发展提供了良好的基础。这一时期的居民，在环壕聚落内建造起面积较大的方形半地穴式房屋，栽培粟、黍、稻等农作物，从事采集、渔猎、家猪饲养等生产活动。西河类型是后李文化的一种地方类型，以西河遗址为代表，主要分布在山东省济南市章丘区附近。

● **小知识：考古学文化**

　　考古学文化与我们日常生活中所说的文化不同。考古学文化是同一时期、同一地域，具有相同经济形态、文化传统和宗教信仰的人群遗留下来的物质遗存。国际上通常以首次发现某种考古学文化典型遗址的地名来命名。

红陶釜 四

—— 相煎何太急

文物登记卡

名 称	红陶釜
所属年代	新石器时代 后李文化
文物类别	陶器
文物尺寸	通高37cm 口径39cm
出土地点	山东济南章丘西河遗址
收藏地点	龙山文化博物馆（城子崖遗址博物馆）

已录入

　　一个遗址，从其被发现到被发掘往往要经历数年，甚至数十年。西河遗址是1987年在全省文物普查时被发现的，1991年由山东省文物考古研究所等单位进行了第一次试掘；1997年，为配合省道拓宽工程建设，对其进行了第二次抢救性发掘；2008年，为配合省道第二次拓宽，又对其进行了第三次抢救性发掘。根据对其文化层堆积及出土遗迹、遗物的分析，考古人员将西河遗址文化遗存分为后李文化、龙山文化、唐宋元、清代四个时期。

　　陶器发明以前，原始人类烹饪肉食只能直接在火上或者在加热后的石头上烧烤。然而，一粒粒坚硬的谷物既不像野果可以直接生吃，也不能和肉一样在火上烤，而是必须用容器加水蒸煮后食用。于是，1万多年前，我国古代先民发明了陶器，慢慢从渔猎采集向农业生产过渡。陶器的出现，标志着新石器时代的开始，人类获取生活资料的方式逐渐从渔猎采集转向农业生产。

　　"釜"，陶制炊具，既可以煮粥，又可以烹羹，可算是"锅"的前身。陶釜在使用时大多先要在地里挖出火塘，用石块等硬物垒成简易的灶台，将陶釜放在上面加热，它使用的地方为"灶区"。西河遗址发现的房址内还很讲究地分出了储藏区、活动区和睡眠区等功能区。按常理推断，"釜"也许会出现在灶区，但釜还有储物功能，山东先民极其讲规矩，器物使用完毕后各就各位。因而西河遗址的房址内发现的储藏区或活动区——储藏区的7件陶釜个体比较大。

　　山东先民为了让食物受热更快，陶釜多采用圜（huán）底，如此扩大了陶器与火的接触面，食物熟得更快。后李文化出土的陶器80%都是这样的圜底陶釜，而且口沿处常有重叠构造，为了增加耐火性，陶胎中还普遍掺和了砂石，很像如今的砂锅。

玉锛 〔五〕
——润玉稀且贵

文物登记卡	
名　称	玉锛（bēn）
所属年代	新石器时代 后李文化
文物类别	玉器
文物尺寸	通长3.4cm　通宽2.9cm　厚1.2cm
出土地点	山东潍坊前埠下遗址
收藏地点	山东省文物考古研究院

　　形态多样的圜底陶器是后李文化的典型器形，玉器则发现甚少，因而前埠下遗址出土的两件玉锛显得愈加珍贵，此玉锛为其中一件。两件玉锛

史前时期 海岱星斗

均有加工痕迹，表面精心磨制，可视为山东地区史前文化发现最早的玉器，对完善我国玉器发展史有着重要价值。

经过岁月的洗礼，玉锛已斑驳，顶部及上部呈黄褐色，中部及刃部为青绿色，并带有墨绿色沁斑。平面近梯形，窄顶、中部微鼓，两面刃。玉锛仅中部及刃部磨光——据专家研究，这种不同部位的磨制处理是在锛的制作时完成的，不是使用造成的痕迹。另外，在玉锛的一侧还有一道凹槽，应该是用来安置柄部的。

锛状器是最早发现于旧石器时代晚期的一种打制石器类型，由砍砸器演变而来，曾广泛流行于中国北方地区，是从旧石器时代晚期向新石器时代早期的过渡阶段的典型器物之一，呈现出这一时期人们从狩猎采集向定居农业阶段过渡的特点。

锛的外形和斧有些类似，但斧的刃面与柄部平行，锛的刃面则与柄部垂直，整体呈"丁"字形。

关于锛的功能，专家学者的意见有两种。一种意见认为石锛是木工工具，在一侧的凹槽内安装上柄后使用，石锛的形态及使用方法都类似如今的木工用锛，大型的石锛可以用来砍伐树木、加工木料乃至建造房屋；小型石锛可能在加工过程中起到抛光木料的作用，实现一些更精细的功能。另一种意见认为石锛是一种农业生产工具，大型石锛可用于挖土作业，在处理杂草、挖掘根茎等方面，石锛也能派上不小的用场。不过随着农业的进步，人类逐渐脱离刀耕火种，锛在农业中的应用也随之减少了，但在手工业中依然继续发挥作用。

近年来，长江下游又发现了一批带柄石锛，其安柄部位及安柄形式都不同于以往的发现。也许，石锛还存在其他的作用和使用方法，正等待着我们去探究。

史前时期石锛出土种类形制较多，玉锛则出土较少。相较于石器，玉器稀有和珍贵，使用如此材质来制作生产工具，未免奢侈。因此比起石锛，玉锛或还具有深层次的作用与功能。

带盖褐陶鼎
——三足火中立

[六]

文物登记卡

名　　称	带盖褐陶鼎
所属年代	新石器时代　北辛文化
文物类别	陶器
文物尺寸	通高37.5cm　口径23.5cm
出土地点	山东枣庄滕州官桥镇北辛遗址
收藏地点	滕州市博物馆

已录入

　　鼎本是炊煮器，后逐步发展为祭祀用礼器，进而成为国家政权的象征，其使用时间之长、范围之广、影响之大，在中国历史上尚无其他器物可与之比肩。

史前时期　海岱星斗　015

滕州市博物馆

  这件陶鼎是炊器，为北辛文化的典型器物，也是迄今发现最早的带盖的鼎。

  此鼎的陶胎为夹砂黄褐陶，烧制时火候较低，质地较为疏松。鼎口微敛，腹深微鼓，下收成尖底，圆锥状高足，口沿外一周装饰有锯齿状窄条堆纹和两两对称的四个小鼻。此鼎与人们印象中的鼎最大的不同是有盖，盖呈覆盆状，上置弧形提手，盖与腹部均饰短窄条堆纹组成的曲折纹，壁上还残存着加工时留下的细篦状痕迹。整个陶鼎器形朴实，装饰简洁。

  根据学者的推测，在陶鼎出现之前，祖先们蒸煮食物主要是将圜底器架在陶支座上，三个陶支座便相当于鼎的三足，稳稳地支撑起圜底器。有了陶鼎之后，人们便不再需要搬动笨重的支座，大大方便了烹饪过程。另外，三足的设计一方面是因为比较稳固，另一方面也是因为这样容易改变鼎的重心，只要向任意一个足的反方向用力，就可以使鼎倾斜，更方便取出鼎内的食物。

  根据出土文物判断，北辛文化时期的经济形态表现为以农业为主，家畜饲养、狩猎采集为辅的农耕经济模式，出现了较为先进的锄耕农业。相比后李文化，北辛文化时期的制陶技术已有所发展，代表性器物鼎便是其佐证。从北辛文化中期开始，陶鼎逐步取代陶釜成为主要炊具。

- **小知识：北辛文化**

　　北辛文化承接后李文化，是分布于黄河下游的一支新石器时代文化，其范围在环鲁中南山地周围多地，因该文化以滕州官桥镇北辛村遗址最为典型，故定名为北辛文化。

　　北辛遗址于1964年被发现，现存总面积约10万平方米。1978年秋和1979年春，由中国社科院考古所山东队与滕县博物馆联合进行两次发掘，发现了北辛文化的窖穴、儿童瓮罐葬、灰坑等遗迹，出土了陶鼎、石铲、磨盘、磨棒等各类文物1000多件，体现出这一时期人们在生产活动中已有不同的社会分工。

　　北辛文化主要遗址有山东滕州北辛、兖（yǎn）州王因、泰安大汶口、江苏邳（pī）州大墩子、连云港市二涧村和淮安青莲岗等。经碳-14测定，该文化的年代距今7000—6000年，其后发展为大汶口文化。

　　北辛文化的发现与研究，不仅使山东史前考古学文化的年代提前千年以上，而且使该地区史前文化的研究向前推进了一大步，为中华东方文明找到了渊源。1982年，北辛文化被国务院正式公布并编入国家教科书。

北辛文化馆

[七] 红陶兽形壶
——俏猪肥又壮

文物登记卡

名　　称	红陶兽形壶
所属年代	新石器时代 大汶口文化
文物类别	陶器
文物尺寸	通长22.3cm　通高21.8cm　体宽14.5cm
出土地点	山东泰安大汶口遗址
收藏地点	山东博物馆

已录入

远古时期，先民们过着茹毛饮血的生活，后来学会了用火，开始学会制作熟食，也为陶器的诞生提供了契机。陶器在人们的生活中扮演着极为重要的角色，既可作烹煮工具，也可作盛装、贮藏用的生活用具等。在新石器时代保留下来的遗物中，以陶器数量最多，因此，考古学上把陶器作为衡量考古文化性质的重要因素之一。

大汶口文化时期的陶器制作工艺极为发达，代表了中国甚至世界远古时代制陶工艺的顶尖水平，此时期发明了快轮拉坯成型技术，时至今日仍在沿用。

这件红陶兽形壶是大汶口文化极具特色的一件器物，为夹砂红陶手工制作的水器，通体磨光施红色陶衣，乍看像一只膘肥体壮的小猪，鼓面竖耳，短尾上翘，拱着鼻子，好像正在张着嘴巴向它的主人乞讨食物。细看，它四肢粗壮，耳朵上穿有小孔，隆起的后背上还加装了弧形提梁。

此壶腹部鼓起加大了容积，四足立起便于加热，既能煮水又能温酒。使用时，从尾巴前的筒状口注入水或酒，然后从肚子下面给注满水或酒的壶加热，等到小猪"吞云吐雾"时，拎起拱形把手，就能轻松将水或酒通过嘴部倒出。

此壶造型生动有趣，准确地把握了动物各部位的比例结构和体形特征，从正面、侧面或任何不同的角度看，都能给人以逼真的感觉，既实用又具欣赏性，是我国新石器时代兽形器的佳作，表现出5000多年前山东大汶口先民们高超的制陶水平，说明当时陶塑技艺已经从写实进入创作的阶段，在造型艺术上已有很深的造诣。

饲养以猪狗为主的家畜是大汶口文化的突出特点。猪作为大汶口先民饲养最多的家畜之一，在当时已成为财富的象征。在大汶口文化遗址的墓葬中，三分之一以上有猪骨随葬，随葬的猪越多越能显示出墓主人身份的尊贵。例如：在泰安大汶口遗址发掘的133座墓葬中，有43座墓共计随葬了96个猪头，其中一座大型墓，随葬的猪头多达14个；在属于大汶口文化与龙山文化遗址的青岛胶州三里河遗址的一座房址旁边，也发现了5具完整的幼猪骨架。

"艺术源于生活又高于生活"的道理同样适用于古代社会，经济生活直接影响着艺术作品的表达，这件红陶兽形壶便是大汶口发达的家畜饲养业及高超制陶工艺的生动反映。

● **小知识：** 大汶口文化

　　大汶口文化是继北辛文化之后分布于黄河下游一带的新石器时代文化，为山东龙山文化的源头，因山东泰安大汶口镇大汶口遗址而得名，距今约6500—4500年。大汶口文化分布地区东至黄海之滨、西至鲁西平原东部、北达渤海北岸、南到淮河以北一带。其经济形态以旱作农业为基础，粟、黍为主要作物，辅以渔猎与家畜饲养。手工业高度发达，早期以红陶为主，晚期发展出灰陶、黑陶及轮制白陶技术，彩陶纹饰多几何图案，部分陶器刻有原始符号，可能具有原始宗教意义。这一时期出现了夫妻合葬和夫妻带小孩的合葬，标志着母系社会的结束，开始或已经进入了父系氏族社会，且此时墓葬出现明显贫富分化，随葬品数量与质量差异大。

　　在商代以前的山东地区，考古学上称之为"海岱地区"，是今山东省渤海与黄海至泰山之间的地带。大汶口文化是海岱文明起源和形成的关键阶段，孕育出以棺椁葬具、各种礼器等为代表的东方礼制；城址的出现和社会分化的加剧，预示着我国文明之路的开启。

八角星纹彩陶豆 [八]
——八方射光芒

文物登记卡

名　　称	八角星纹彩陶豆
所属年代	新石器时代 大汶口文化
文物类别	陶器
文物尺寸	通高29cm　口径26cm　足径14.5cm
出土地点	山东泰安大汶口遗址
收藏地点	山东省文物考古研究院

已录入

豆是古代的一种盛食器，始见于新石器时代，西周时期使用较为广泛，流行于春秋战国时期。豆的上部为浅盘或钵形，中部有高柄，底部为圈足，整体像高脚盘，开始时用于盛放黍、稷等谷物，后专门用于盛放腌菜、肉酱等调味品。古人以前用餐是席地而坐，拥有高柄及圈足的豆自然更适合这一生活习惯，方便夹菜。豆除了作日常生活中的盛食器，也可用来作祭祀时的礼器，常与鼎、壶配套使用，成为随葬用的主要器类。《礼记》中有"鼎俎奇而笾（biān）豆偶"的记载，规定了礼器豆使用时的数量为偶数，不过，从目前的考古发现来看，使用时也有数量为奇数的情况存在。

在黄河下游地区，彩陶最早见于距今7000多年前的北辛文化，最初只是在陶钵的口沿处绘红色或黑色的彩带，至大汶口文化早期，彩陶开始增多，中期达到成熟阶段。

此豆是一件典型的大汶口文化彩陶器，泥质红陶，豆盘为圆唇斜口、深腹、喇叭形高圈足；斜口沿面绘白色彩地，其上用褐、红等彩色绘出对顶三角形与若干竖线段相间组成的图案；腹和圈足部位涂抹了一层深红色陶衣，腹部用白彩在深红色陶衣之上绘五个方心八角星状纹样，各八角星之间同样用两列白彩竖线段间隔；圈足部位绘两圈褐色彩带，彩带之上用白彩绘贝形纹样。

八角星纹是大汶口文化中极具特色的彩陶纹样，中间的方形象征着大地，而以方形为中心呈放射状的八个角，寓意着天空和无限空间，整体喻示着天圆地方的含义，体现了原始居民对太阳和地球的神秘产生的敬畏感。

八角星纹样

大汶口文化彩陶的纹样题材以自然界中植物的花叶纹样和各式几何图形为主，施彩技法有两种：一种是在塑制好的陶坯上直接施彩作画，叫作原地绘画，一般只绘红或黑色单色，纹样比较简单；另外一种是先在陶器需要作画的部位涂一层加了彩色的泥浆，叫作施彩衣，然后再行绘画，陶衣之上多绘白、褐、黄、黑等多种彩色，图案也比较复杂，讲究构图对称、色彩对比和层次效果。

　　这件彩陶豆纹饰精美，构图对称，色彩对比强烈，集中体现了大汶口文化彩陶艺术的较高水平，堪称我国原始艺术珍品。在5000年前的原始社会，如此精美的彩陶并不多见。从出土情况来看，豆内盛装着猪蹄、颚骨、猪头等供品，古人重视祭祀活动，也许这件彩陶豆正是一件用于祭祀的器皿。

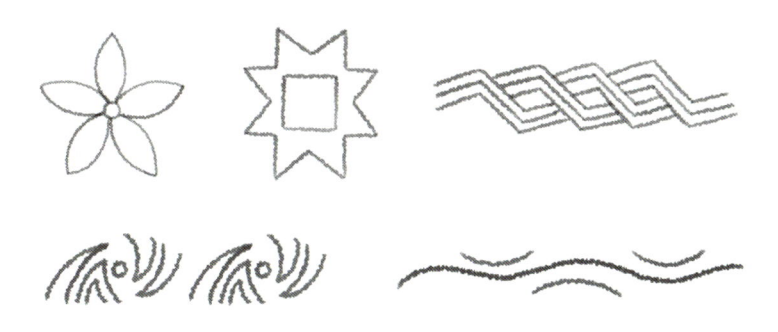

大汶口文化部分彩陶纹样题材

史前时期　海岱星斗

九 彩陶鼓
—— 花开鼓且舞

文物登记卡	
名　称	彩陶鼓
所属年代	新石器时代　大汶口文化
文物类别	陶器
文物尺寸	通高40.3cm　口径30cm
出土地点	山东泰安大汶口遗址
收藏地点	山东省文物考古研究院

已录入

　　这件色彩艳丽的陶鼓是一种乐器，用泥质红陶制成，呈束腹式长筒状，中部内收，下部内折，大圜底。口沿下有一周向下弯曲的鸟喙形乳钉，腹部有两两相对的圆镂孔，底部亦有一个圆镂孔。器腹中部用白、深红和褐色三彩分两层分别绘弧线三角纹和卵点，组成四瓣花图案，下部饰一周锯齿状刻画纹。这种极具几何美感的花瓣纹最早出现在黄河中游地区，而山东大汶口遗址位于黄河下游，可以看出，在大汶口文化早期，居住在这里的先民们便已经和不同区域的先民们产生了文化间的交流与互动。

陶鼓的鼓框一般仿实用器，有尊形、豆形、釜形、喇叭形、尖底深腹罐形、葫芦形和缸形等20余种形制。这件彩陶鼓形制为淮河流域特有的尊形陶鼓。

远古时期的鼓分为木鼓和陶鼓两类，是人类较早发明的乐器之一。木鼓不易保存，大部分已腐朽于地下，而陶鼓则因质地坚硬得以相对完整地保留了下来。

陶鼓广泛分布于史前不同的文化中，呈现出不同的文化特征，也表现出不同文化间的相互影响。因其保存时间长，具有良好的共鸣作用，鼓声雄壮深沉能传播得很远，所以经常用在祭祀、征战、狩猎等活动中，而后更是逐渐成为中华礼乐文化中的重要组成部分。

据《周礼·春官·大宗伯》记载："以礼乐合天地之化，百物之产，以事鬼神，以谐万民，以致百物。"乐与仪式相结合，仪式用乐固化，礼乐的意义得以彰显，表达情感，凝聚族群，影响人们的道德观念和行为方式，是中华文明的有机构成。

彩陶鼓是大汶口文化重要的礼乐器，一直为后世所沿用，在礼乐文化中发挥着独特作用。这一点在先秦典籍中可以得到印证，如《周礼·春官·龠（yuè）章》中的"掌土鼓豳（bīn）龠"，这里的"土鼓"指的便是"陶鼓"。这种原始乐器的出现，充分证明了山东是中国礼乐文化发展最早的地区之一。

在我国甘肃、青海、河南、山西等地的多处遗址均有发现陶鼓，既有类似这件大汶口彩陶鼓的形制，也有小口尖底等器形。这些陶鼓虽各不相同，但口沿下大多有一周鸟喙形乳钉，腹部或底部的圆镂孔也基本相同。关于其功能，有学者猜测鸟喙形乳钉可能是为了绑缚鼓面、增加鼓面张力而设置，腹部与底部的圆镂孔则也许是为了让敲鼓时产生的气流更加容易逸出。

陶质牛角号
—— 号角如螺响

文物登记卡

名　　称	陶质牛角号
所属年代	新石器时代 大汶口文化
文物类别	陶器
文物尺寸	通长39cm　口径8.5cm
出土地点	山东日照莒(jǔ)县陵阳河遗址
收藏地点	山东省文物考古研究院

已录入

这件号角为夹砂褐陶，形似水牛角，周身饰瓦纹，中间兼饰篮纹，吹口为小圆口，出土后仍能吹出像海螺一样洪亮的声音。

关于号角的作用目前主要有三种推测：一是作为捕猎工具，人类在捕猎时，可以用号角发出声音引诱猎物深入；二是作为权力象征或图腾崇拜，不具备实际功能；三是做冲锋陷阵发号施令的工具，起到统一召集、提振壮威的作用。

这件陶质牛角号出自一个中年男性墓，出土时被放置在墓主人的腰际，从随葬品来看，可断定该墓主人生前身份显赫，很可能是部族内的领袖人物，这件号角很有可能为部落首领发号施令的工具，同时也许还带着一些权力象征的意味。

这件器物的出现，说明当时部族之间也许为了争夺生产资料、生活用品等有了纷争，要想取得胜利，缺少不了统一指挥，号角便在这当中发挥着重要作用。这也反映出随着社会生产力和生活水平的不断提高，大汶口时期的社会结构亦逐渐发生了深刻变化，为研究原始社会解体和奴隶社会的萌生提供了崭新的珍贵资料。

此牛角号出土于日照莒县，莒县历史悠久，新石器时期就建立了大规模的部落方国，春秋时期莒国将国都设置于此，莒文化曾与齐鲁文化并称为"齐鲁莒"文化。这里是中国古代文化的发源地之一，流传着许多上古时代的传说。在莒城东11公里处，有一处海拔473米、面积3平方公里的平顶山，名曰屋楼崮（gù）。屋楼崮的名字便源于上古栖息于此的先祖有巢氏。

有巢氏属于华夏族，被誉为华夏"第一人文始祖"，许多古籍中记载称，他们是巢居文明的开创者。比如，《韩非子·五蠹（dù）》就有这样的记录："上古之世，人民少而禽兽众，人民不胜禽兽虫蛇。有圣人作，构木为巢，以避群害，而民悦之，使王天下，号曰有巢氏。"顾名思义，"有巢"就像鸟一样，是在树木上架屋居住的意思。有巢氏教人们不再住在地面上，用树枝树叶在树上建造出简陋的居所，用来躲避野兽和洪水。有巢氏"构木为巢，以避群害"的居住方式说明当时人类

史前时期 海岱星斗

已经从原始的山洞居住进入建造房屋的阶段，是进步的标志。

- **小知识：莒国**

莒国为周朝诸侯国，是山东东夷中最强的古国，初为嬴姓，后为己姓（一说为曹姓），建都于计，至春秋初迁都至莒，即今山东莒县。

莒国历史可追溯至商代，相传为东夷少昊后裔所建。西周时期，莒国与周王室关系复杂。春秋时期，莒国因地处齐、鲁之间，与两国关系密切。战国初期，莒国因内忧外患逐渐衰落，最终为齐国吞并。

莒国农业发达，手工业以青铜器、陶器闻名，莒县出土的青铜器展现了其工艺水平。其文化与中原文化融合，形成独特的地方特色。莒国的历史在《左传》《史记》等文献中有详细记载，对山东地区影响深远，莒县至今仍是重要的文化重镇。

刻符灰陶尊

—— 文明露初曙

〔十二〕

文物登记卡	
名　　称	刻符灰陶尊
所属年代	新石器时代 大汶口文化
文物类别	陶器
文物尺寸	通高60cm　口径30cm　壁厚3cm
出土地点	山东日照莒县陵阳河遗址
收藏地点	莒州博物馆

已录入

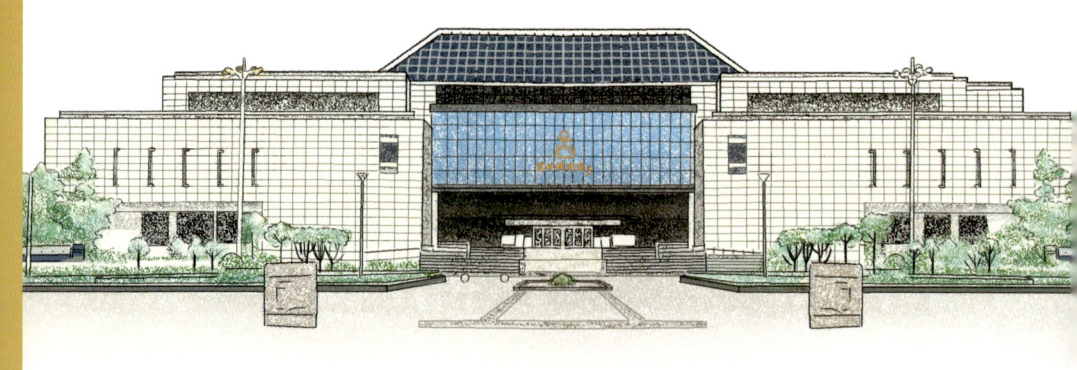

莒州博物馆

  此尊材质为夹砂灰陶，烧制时温度较高，质地坚硬；体形硕大，胎壁厚重，大口，口沿外折，深直腹，下部渐收成尖底，形状像一枚大炮弹。在五六千年前，要制作如此大型的器物并非易事，可见当时的山东人民在制陶方面已经有非常成熟的技艺。这种器型的尊在大汶口文化中比较特殊，它无法直立摆放，显然不是日常生活用具，可能是用于酿酒的礼器。

  这件灰陶尊器身上的纹饰也很特别，表面饰浅篮纹，腹上部刻画由"日""月""山"组成的符号，看上去像是对自然现象的抽象描摹，可能是图像文字。目前，此类文字符号在莒县陵阳河、大朱家村、杭头、诸城前寨等遗址共发现20余枚，合计8种类型20个单字。这些文字符号出现于大汶口文化晚期，关于它们的含义，学术界目前仍在讨论当中。不过，这些文字符号已初步具备了汉字音、形、义的因素，应是汉字的祖形，对中国文字的起源研究具有重要意义。文字是人类文明的标志之一，在山东地区出现的这些文字符号，预示着文明已在山东大地绽露初曙。

  这件灰陶尊出土于陵阳河墓葬，该墓葬所出土的大口尊常与猪头或猪下颌骨共同出土，多竖立于骨架的脚端且图像符号朝向墓主人，似乎具有某种宗教象征。除此之外，陵阳河墓葬还出土有陶质号角、骨雕筒等，且皆发现于中、大型墓葬当中，可见这些器物的主人生前都有着不凡的经济实力，从中反映出大汶口文化晚期贫富等级分化的迹象。

这件陶尊与前面介绍过的陶质牛角号一样，都出土于莒县。莒地不但是巢楼之制的故乡，也被认为是测时纪历的源地。远古时代，莒地的山巅便是先民观日出定春分的地方。五六千年前，这里已发展为以陵阳河大汶口文化遗址为中心的古代文化区。灰陶尊上的图像文字"日月山"可能描述的就是日出东山的景象，另外也有学者认为，这些刻画符号也许就是文字的萌芽。

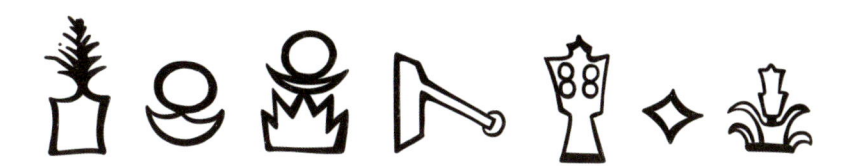

大口尊上的部分图像文字

双鋬白陶鬶
——以鸟名部落

十二

文物登记卡	
名　称	双鋬（pàn）白陶鬶（guī）
所属年代	新石器时代 大汶口文化
文物类别	陶器
文物尺寸	通高34cm
出土地点	山东日照莒县陵阳河遗址
收藏地点	莒州博物馆

已录入

相传，太昊是上古时期东夷族的祖先和首领，少昊为其继承人，因修太昊之法而被称为少昊。文献记载"少皞（少昊）氏以鸟为官"，少昊率领的部族以凤鸟为尊，就连官名都是以鸟命名，可见鸟的形象是东夷先民重要的精神信仰和族群象征，甚至对后世商人和秦人的族源传说和发展都产生了深远的影响。在山东地区发现的大汶口文化的陶器中经常出现鸟的形象，陶鬶便是以鸟为原型的一种高规格陶器。

陶鬶用于温酒或盛水，有特定的外形，除了三足和把柄以外，还必须有像鸟嘴一样的流。这件陶鬶的整个神态像一只挺胸仰头、举止傲慢的大鸟，除了拥有鬶的基本特征，还有形似鸟的翅膀的双錾，极有可能是代表燕、凤形象的祭祖重器，甚至在祭器的组合中具有较高的地位。

陶鬶的质地分夹砂和泥质两种。夹砂陶鬶是为了使其直接与火接触而特意制作的，因为只有夹砂陶才能置于火上而不被烧坏。泥质陶鬶质地细腻，制作也精致，可能是专作注酒用的。

这件陶鬶为夹砂白陶，整器质地细腻，陶色洁白，长流，双錾，腹部饰一周凸起纹饰。其造型独特，如一只正引吭高歌的凤鸟，三只袋足饱满，既有稳定支撑的作用，也可增加受热面积，缩短加热时间。

● **小知识：东夷**

东夷指东方之人，即我国古代中原对东部各部落的统称，有淮夷、莱夷、鸟夷等，分布在今江苏、安徽、山东一带。早期东夷是华夏族的族源之一。郭璞《尔雅注》云："九夷在东"，泛指中国东部夷人，其创造的文化统称为"东夷文化"。东夷文化是指中国古代东夷族群的文化遗存和文化特征，发源于泰沂山区，其主要区域为现山东半岛以及毗邻的广大地区，是中华文明重要源头之一。

东夷文化自新石器时代开始一直到西周中期结束，从后李文化开始，历经北辛文化、大汶口文化、龙山文化、岳石文化五个阶段。东夷及其古文化在亚洲古文化的发源与交流中都处于较为重要的地位。

史前时期 海岱星斗

黄玉钺

—— 祭崇专玉钺

十三

文物登记卡	
名　　称	黄玉钺（yuè）
所属年代	新石器时代 大汶口文化
文物类别	玉器
文物尺寸	通长17.8cm　刃宽7.2cm　厚0.4cm
出土地点	山东泰安大汶口遗址117号墓
收藏地点	山东博物馆

已录入

东汉时期的经学家、文字学家许慎在《说文解字》中记载："戉，大斧也。""戉"同"钺"，本是古代的一种工具和兵器，由斧演变而来。钺的外形通常上窄下宽，靠近窄部中间有一个穿孔，可以捆绑木质长柄。《说文解字》曰："大者称钺，小者称斧。"钺和斧外形相似，出现时间也相近，一般被统称为"斧钺"。

在新石器时代，石斧是广泛使用的生产工具，可以用来砍伐树木、采集资源，遭受敌人或野兽攻击时，也可以使用石斧进行战斗。后来随着社会的发展，私有制和阶级分化开始出现，战场上极具威慑力的武器被赋予了新的意义，统治者需要借助有形的物件来象征他们至高无上的权力和崇高的尊严，于是，他们以玉制成玉斧、玉钺，斧钺也逐渐变薄，失去了实用功能，逐渐变成了权力和地位的象征，有了权杖的作用。

与石器相比，玉器制作工艺更为复杂，技术含量更高。山东最早的玉器发现于后李文化时期，到了大汶口文化中晚期，已出现了专门的玉器手工业作坊，玉器制作已向专业化发展，专门服务于上层社会，史前时期的玉器绝大多数出土于等级较高的墓葬中，且相对集中。海岱地区的玉礼器作为等级、礼仪甚至宗教的象征，具有独特的风格和传统。

这件玉钺呈淡黄色，玉质细腻温润，通体磨光，上部有穿孔，器身扁薄，双面刃，形制规整。其穿孔整齐，可能是用木棒、竹管加石英砂蘸水对钻制作而成。

玉钺在中国不同的史前文化中普遍存在。在古代中国"以玉为兵"的观念中，玉钺代表了军事指挥权。作为重要的玉礼器，它与玉琮（cóng）、玉璧一同构成了中华古代玉文化中的核心元素。

十四 黑陶鸟喙足鼎
—— 神鸟玄为贵

文物登记卡

名　　称	黑陶鸟喙足鼎
所属年代	新石器时代 龙山文化
文物类别	陶器
文物尺寸	通高18.5cm　口径26cm
出土地点	山东潍坊姚官庄遗址
收藏地点	山东博物馆

姚官庄遗址位于潍坊市南10公里处，面积约16万平方米，出土文物十分丰富，主要是龙山文化的遗存。该遗址出土的鼎数量较多，均为平底，鼎足多种多样，工艺采用手制与轮制相结合，这件黑陶鸟喙足鼎便是其中的代表。该鼎为夹细砂黑陶，鼎身如大口的曲腹碗，表面磨光，饰黑色陶衣，最大特征是双耳下有三个鸟喙足。

龙山文化中的黑陶在世界上绝无仅有，它们土生土长，独树一帜，有专家认为龙山先人偏爱黑陶与他们的图腾崇拜有关。

龙山文化因首次发现于济南市历城县龙山镇（今属济南市章丘区）而得名，泛指黄河下游地区新石器时代晚期的一种文化遗存，距今约4400—3800年。

龙山文化时期相当于文献记载的夏代之前或者与夏初略有交错，这一时期与古史传说中的"唐尧虞舜"时代相对应，是山东地区史前文化的鼎盛时期，农业、手工业空前发展，快轮制陶、打井技术、建筑技术在同时期各区域文化中处于领先地位。那时的山东大地，城邑林立，王权应运而生，国家已现雏形，诸多文明要素生机勃发，对周边地区文化演进产生强烈影响。

龙山文化以黑陶和灰陶为主要特征，制陶工艺水平比仰韶文化有很大提高，尤其是磨光黑陶，数量多、质量精，烧出了薄如蛋壳、光亮如漆的蛋壳陶。不仅如此，陶器的形象也生趣盎然，摆脱了生硬的模仿，代以抽象形态的造型，是中国制陶史上的巅峰时期。其中黑陶是该文化最具代表性的作品，因此也有人将龙山文化称为"黑陶文化"。

龙山文化对后世产生了深远的影响，尤其是对探讨文明与国家起源具有重要意义。历史上夏、商、周的文化渊源都可能与龙山文化有相当的联系。比如，在《诗经·商颂·玄鸟》中有这样的记述："天命玄鸟，降而生商。"

十五 蛋壳黑陶高柄杯
—— 杯薄如蝉翼

文物登记卡

名　　称	蛋壳黑陶高柄杯
所属年代	新石器时代 龙山文化
文物类别	陶器
文物尺寸	通高26.5cm　口径9.4cm
出土地点	山东日照石臼所镇东海峪遗址
收藏地点	山东省文物考古研究院

已录入

此杯出土于日照东海峪，是全国仅存的两件较完整的黑陶杯之一，也是迄今已出土的百余件黑陶高柄杯中最精美的一件。

整杯为泥质黑陶，乌黑锃亮，精巧肃穆，既是实用器，又是艺术品。杯部口沿宽斜，腹壁流畅顺滑，中部装饰数道凹弦纹；柄部上端为细管形高柄，中段呈鼓形，饰楔形镂孔，内空但含有活动的陶球，晃动时可发出清脆的响声，柄的最下部是圆台形圈足。

蛋壳黑陶器皿是龙山文化独有的标志性陶器。目前，只在黄河中下游的海岱地区有所发现，主要发现于山东境内。这类器物超薄的器壁如同蛋壳一般，厚度均匀，质地细腻而坚硬。这件黑陶杯最薄处是仅有0.2～0.3毫米，因此有"蛋壳黑陶"之称。"黑如漆、亮如镜、薄如壳、硬如瓷、击如磬，掂之飘忽若无，敲击铮铮有声"，蛋壳黑陶器堪称中国制陶史上的巅峰之作。

龙山先民制作的这些器皿为何如此黑亮、轻薄？

首先是料好，黑陶陶泥全部是经过反复淘洗的细泥，陶胎内不见任何杂质，烧制成型后的胎壁虽薄却质地细密坚硬，几乎没有渗水率。其次，成型工艺采用当时世界上最为先进的"快轮拉坯法"，相比传统的手捏拉坯，快轮拉坯技术利用了轮盘快速旋转所产生的惯性，通过双手的捧托、挤压、提拉将泥料直接拉坯成型，因此器物形体较为规整，胎体也更轻薄。最后是烧制方式，将拉坯成型的器皿放在高温陶窑中烧制，再在烧制的过程中不断往窑内掺水，使窑内产生大量浓烟，烟中的炭粒附着在陶器表面，渗透到坯体的空隙中，从而形成内外漆黑的黑陶。出窑后，蛋壳黑陶的胎体表面还要经过长时间打磨，让器表黑亮如镜。

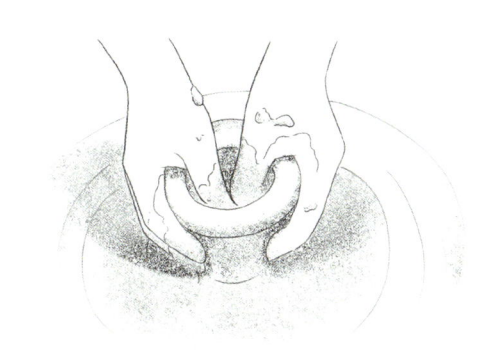

快轮拉坯法示意图

龙山先民在生产设备简陋的条件下能够制作出如此精妙之物，令人赞叹。即使在科技发达的今天，模仿烧制4000年前的蛋壳黑陶也相当不易。

蛋壳黑陶一般出自较大型的墓葬。高柄杯的造型一般都是头重脚轻，器壁超薄易碎，如此的"身娇肉贵"就决定了它不太可能是生活中的日常用品，应是龙山文化时期富贵人家享用的随葬礼器或礼仪祭祀时使用的礼器。在墓中，蛋壳黑陶高柄杯也往往是单独摆放，不与其他的随葬物品混杂，可见其地位重要。

龙山文化时期的蛋壳黑陶被考古界誉为"四千年前地球文明最精致之制作"，是古人智慧与技艺的结晶，通过它，我们得以重新认识这片土地的灿烂文明。

大陶甗
—— 甗王礼见证

〖十六〗

文物登记卡

名 称	大陶甗（yǎn）
所属年代	新石器时代 龙山文化
文物类别	陶器
文物尺寸	通高116cm　口径45.5cm
出土地点	山东淄博临淄区桐林遗址
收藏地点	山东省文物考古研究院

已录入

史前时期　海岱星斗

这是迄今全国最大的陶甗，被称为"甗王"。其身高相当于六七岁的儿童，口径也近半米，一次蒸煮的食物，可供十几人食用。它出土时已碎为200余块，经由文物修复师之手拼接修复才得以重新面世。

古代的甗类似今天的蒸锅，由上、下两部分组成：上部像罐子，称为甑（zèng），里面放上食物，可以蒸煮；下部类似鼎，称为鬲（lì），足部中空，用于盛水；中间隔有透出蒸气的箅（bì）子。

这件大陶甗的甑、鬲连为一体。鬲口下饰两圈绳纹，有四个对称贯耳，甑腹饰弦纹，甑底、甑高交接处饰绳纹，下收为细腰；鬲为大袋足。在该遗址中除了出土这件大陶甗外，还发现有鼎、盆等，且这些出土物按大小依次排列，考古专家认为它们应该不是实用器，而是礼器，是中国最早的等级制度的见证物。

礼制的出现是人类社会进入文明时代的重要标志，礼器则是礼制的重要组成部分，一般用于举行祭祀、宴会、征伐及丧葬等礼仪活动中。礼器是社会发展到一定阶段的产物，最初是由普通器物演变而来，随着社会阶层的分化及礼乐制度的完善，逐渐成为身份、地位、等级、权力的象征，在形制上也由开始的突出实用性逐渐转变为以象征意义为主。

龙山文化礼器的主要特征表现在两个方面：一是形体巨大，二是制作精致。"不高大不足以重威"，在代表地位的器具上，古代贵族多追求大器。龙山文化时期，社会物质已经比较丰富，社会阶层已经分化，表现在器具的使用方面，上层贵族的陶器多大而精致，显示着墓主人的赫赫权威。

玉刀

——生为东方礼

〔十七〕

文物登记卡

名　　称	玉刀
所属年代	新石器时代 龙山文化
文物类别	玉器
文物尺寸	通长51cm　通宽22cm　厚0.3cm
出土地点	山东日照五莲县丹土遗址
收藏地点	五莲博物馆

已录入

史前时期　海岱星斗

在华夏的版图中，文明如星，满天闪烁。聚焦到海岱星空，放眼四望，依旧星罗棋布。如：鲁南的北辛遗址，鲁中的后李遗址、大汶口遗址和城子崖遗址。在鲁东南的黄海之滨，还有一颗耀目之星叫"日照"。前面写过的龙山文化的著名代表"蛋壳黑陶高柄杯"即出土于日照境内。

这件玉刀出土于日照五莲县丹土遗址。其颜色呈浅灰，通体磨光，形状扁平，表面布满大片网状沁斑；器形呈梯形，背面呈直线设计，双面开刃，刀身极其纤薄，厚仅0.3厘米。靠背部有两个双面管钻圆孔，一端中下部有两个单面钻圆孔。这种形制的多孔玉刀在黄河流域非常流行。这件玉刀因其发现年代最早，体形最大，做工精细，素有"中国玉刀之首"的美誉。

在东汉时期的《越绝书》中提到"黄帝之时，以玉为兵"。从中国史前社会后期到夏商周时代，曾有不少玉质兵器，玉刀也在其列。玉刀在新石器时代晚期的许多地方都有发现，且多出于墓葬。这件绝世大玉刀毫无疑问是作为礼器而存在的。

制作如此庞大的玉刀，对所选玉石要求之严苛不言而喻。首要条件是玉石体量需足够庞大，且材质必须优越，需达到无瑕疵、无裂纹及崩缺的

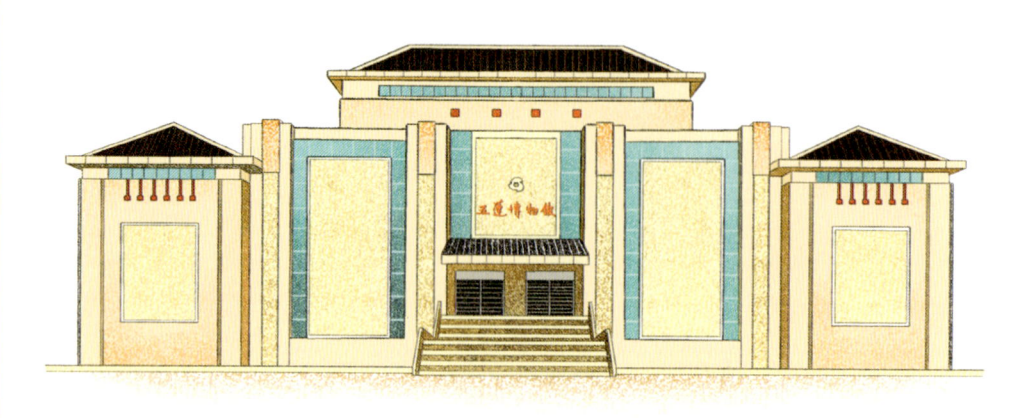

五莲博物馆

完美状态。此外，这也是对工匠技艺精湛程度的极端挑战。玉石因其既脆又硬的特性，任何细微的疏忽都可能导致整个作品的损毁，使前期努力付诸东流。能制作这样大而薄的玉器，与当时的片切割技术的成熟有关。片切割，顾名思义，就是以片状的物体在水或水加研磨砂介质的辅助下，对玉器进行切割加工。龙山文化时期，海岱地区留存下来的很多玉器上都留下了此类切割的痕迹。

在玉器加工中，更为复杂的是圆孔的雕琢，在距今4000年左右的龙山文化时期，尚无现代钻头与锉刀等工具的辅助，其制作难度之巨，实难估量。据现代研究揭示，龙山文化时期的玉匠们，在进行玉器内部镂空工艺时，展现出了非凡的智慧与技巧。他们首先利用桯（tīng）具（一种古代钻孔工具）在玉器内部精确打孔，随后巧妙地穿入柔韧性良好的线具，通过有方向地拉动与切割，创造出细腻而连贯的镂空效果。这一技法不仅展现了古人对材料特性的深刻理解，也彰显了其高超的手工技艺与极致的艺术追求。

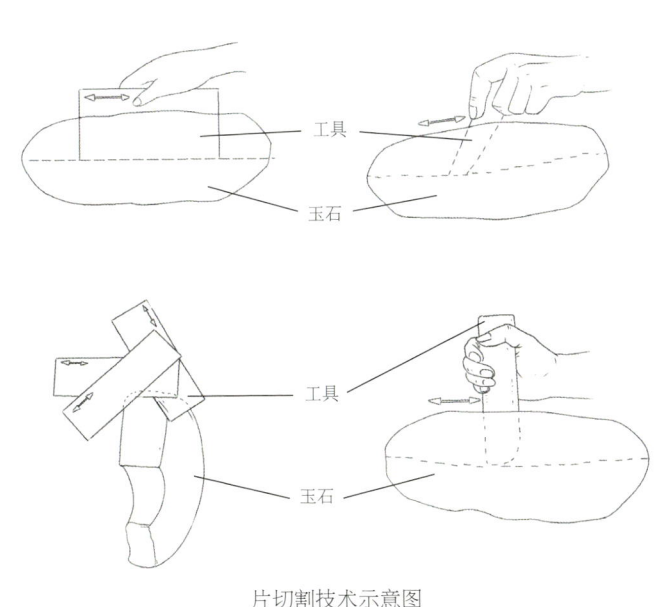

片切割技术示意图

史前时期 海岱星斗 045

十八 玉牙璋

—— 彰显夏之风

文物登记卡	
名　　称	玉牙璋
所属年代	新石器时代 龙山文化
文物类别	玉器
文物尺寸	通长33.5cm　厚0.4~0.6cm　刃宽5.3cm　刃深1.6cm 中宽4.3cm　牙宽6.8cm　柄宽5.3cm
出土地点	山东日照五莲县上万家沟北岭遗址
收藏地点	五莲博物馆

已录入

此牙璋器型呈扁平状，下有一方形短柄，柄部正中有一穿孔，短柄与器体结合处两侧各有一突出于体侧的阑。刃部较宽，一侧较尖锐，刃呈内弧弯月形。

这件牙璋出土于五莲县上万家沟的半山腰，从其出土位置可以推断出当时人们很可能用它来祈年、祭山，属于上层社会最高权力的玉器。龙山文化时期能以牙璋从事祭祀活动的，当属方国、部落首领和高级巫师等最高层统治人物。

早期牙璋是用作祭天拜日、祭祀山岳、祈年的礼器，后期发展成象征王权的礼器。《周礼·考工记·玉人》有载："牙璋、中璋七寸，射二寸，厚寸。以起军旅，以治兵守。"晚清学者吴大澂（chéng）《古玉图考》也提到"首似刀，而两旁无刃……独有旁出之牙，故曰牙璋"。

牙璋是玉璋的一种类型，始见于新石器时代晚期，最早出现于山东龙山文化，因此有学者认为牙璋发源于山东地区的大汶口及龙山文化的遗址中。

牙璋除了具备特殊的精神内涵，也因在多处遗址中都有发现而备受考古界重视。早期的牙璋尺寸较小，造型也较为简单，大部分出自山地祭祀或者城墙夹缝中。到了二里头文化时期，牙璋的风格及功能出现显著变化：尺寸大型化，长度由之前的约30厘米增加到约50厘米；扉牙形象龙形化，据相关研究，扉牙表现的可能是张着嘴的龙形象；功能礼仪化，二里头遗址发现的4件牙璋，均出自高等级的贵族墓葬，表明牙璋已成为代表等级身份的重要礼器。

从牙璋的出土地来看，其传播范围东至胶东半岛，西经黄河中游转入陕西省并深入上游的甘肃西南地区，西南至四川盆地。不仅如此，牙璋在国外也有发现。目前牙璋发现的出土范围北达俄罗斯境内，南到越南境内，时代从新石器晚期一直延续到商周时期，影响深远。玉璋被考古界认为是夏朝的核心玉礼器，其大范围、跨地域的传播姿态也表明，当时中华文明形成发展过程中开始出现王朝认同、文化认同和礼制认同，显示了夏文化非同一般的"影响力"。

十九　玉牙璧、玉有领环
—— 神秘之璇玑

文物登记卡	
名　　称	玉牙璧（左）、玉有领环（右）
所属年代	新石器时代 龙山文化
文物类别	玉器
文物尺寸	玉牙璧：直径14.4cm　孔径11.4cm　厚1.05cm 玉有领环：直径11.7cm　孔径6.6cm　领高2.1cm
出土地点	山东烟台海阳司马台遗址
收藏地点	海阳市博物馆

这组玉牙璧和玉有领环一同出土于司马台遗址，这样一组神秘的玉器，造型奇特，出土时即套合在一起，尺寸吻合。这种现象，在山东乃至全国其他地方出土的牙璧中都是罕见的。

目前已发现的牙璧最早出现于距今5500年的大汶口文化中期，其中以大汶口文化晚期和龙山文化早期数量最多。整体近似圆形，中间有圆孔，周边一般有三个同向旋转的凸牙，有的在牙和牙之间还雕刻出单个或成组的扉齿。从器物的形状推断，牙璧可能是玉璧的一种变体。

这是一件典型的玉牙璧，外缘呈齿轮状分布三个不规则凸牙，整体因受沁呈鸡骨白色。内缘最厚，至外缘逐渐变薄。

它有什么功能呢？对于这个问题，众说纷纭。有人说是帝王观测天象时所使用的仪器上的零件，如西汉学者孔安国释："在，察也，璇，美玉也；玑衡，王者正天文之器，可运转者。"也有人认为它是沿海渔民用于观测天象的仪器，或为作战时可抛出旋转的兵器，大多学者则认为它是龙山文化时期独有的代表王权的一种礼器。

值得一提的是，牙璧主要分布于山东和辽东半岛地区，在中国使用玉

海阳市博物馆

玉牙璧、玉有领环套合状态

器最发达的两个地区——南方的太湖地区和北方的燕辽地区至今都未发现牙璧这个器种。在这种器物产生之后，还逐渐向外传播。受此影响，山西襄汾陶寺、陕西神木石峁等黄河中游地区也出土了牙璧，这些地区的牙璧形制更加复杂和富于变化，除了主流的三牙璧外，还有不少变体的四牙璧。

这件玉环玉质墨绿，器呈圆形，器型规整，因为在中孔边缘有个明显的领状凸起，所以也被称为玉有领环。据学者推测，其可能集装饰、祭祀及战场防护等功能于一体。这种玉有领环同样起源于山东地区的大汶口文化，后来，随着龙山文化向西传播至中原地区，并被商人所继承，在不少商代大墓都出土过类似器物。此后，又经中原地区向外传播至四川盆地、江西赣江流域、东南沿海地区以及东南亚一带。到了两汉时期，有领玉环在中原几乎绝迹，却在云南开始盛行。

- **小知识：** 司马台遗址

司马台遗址是山东海阳境内的一处龙山文化遗址，海阳因地处黄海之北而得名，位于北纬36°至37°之间，自古以来就是适合人类生存之地。在距离海阳城区约35公里的地方有一处高土台地，原台高11米，如今经过自然风化和人为作用，仅存7米多高的土柱。土柱立面由顶部的汉代土层往下依次是周代、岳石文化、龙山文化、大汶口文化土层，几乎包括了各个时期。遗址中最主要的部分是岳石文化和龙山文化。

司马台遗址以南为汉代昌阳县城故址，旧志载："汉昌阳故城北有土台高丈余，周百余丈，俗呼试马台。"即今所称司马台。

司马台遗址

史前时期 海岱星斗

兽面纹玉锛
—— 兽面融精华

〔二十〕

文物登记卡	
名　　称	兽面纹玉锛
所属年代	新石器时代 龙山文化
文物类别	玉器
文物尺寸	通长17.8cm　通宽5cm　厚0.5cm
来　　源	山东日照两城镇遗址采集
收藏地点	山东博物馆

此玉锛玉质坚硬，呈墨绿色。由于该器曾断为两截被埋藏在不同的地层，因此沁色不同，器物上半部分已被沁为白色，下半部分仍能看见墨绿色的玉质本身。器作窄长梯形，四面平整规范，较宽的一端为单面斜刃，较窄的一端两面均以连续阴线雕刻出一副面目狰狞的兽面形象，正反两面兽面纹形象给人一种威严感，应该是当时一种规格较高的礼器。

　　锛是我国史前时期使用非常广泛的工具，可用来砍伐、加工木料，后来才演变成象征使用者身份地位的礼仪用具。

　　这件有着神秘纹饰的玉锛采集于日照两城镇，没有详细的出土地点，却在当时引起了不小的轰动。与之类似的玉锛在台北故宫博物院里还珍藏着一对，其中一件玉锛顶部刻画的主题纹样与两城玉锛的纹饰几乎一致。

　　兽面纹在战国时期被称为"饕餮纹"，现代则命名"兽面纹"。无论这种纹饰叫什么名字，它都有一双圆睁的大眼睛，以鼻梁为中线，两侧作对称排列，由眼睛、兽角、眉毛、耳朵、鼻子组成一张完整的脸，部分有左右展开的身躯和兽爪。

正面兽面纹　　　　　　　　　　背面兽面纹

　　饕餮纹是青铜器的代表性纹样，然而饕餮纹从何而来，至今仍是个谜。在两城镇遗址发现的玉锛，为寻找扑朔迷离的饕餮纹源头增添了一线光明，同时也为台北故宫博物院所藏玉锛的出处提供了可以参照的线索，拉近了山东龙山文化与商周青铜文化的距离。

饕餮纹最早出现在较龙山文化更早的良渚文化的玉器上，两城镇玉锛的发现，不但提供了良渚文化的去向信息，而且其"八"字形如旋涡状的长眉又和北方地区的红山文化的纹样近似。良渚文化的"眼"和红山文化的"旋涡眉"，使两城镇的玉锛承载的意义更加重大，由此可推测，4000年前的黄河下游地区，曾经融合了黄河、长江和北方草原三大文化体系的精华。海岱地区以其深厚的文化底蕴发挥着桥梁和纽带的作用，见证了中华文明多元一体的发展过程。

镶绿松石玉簪
—— 玉清竹有节

三十二

文物登记卡

名　　称	镶绿松石玉簪
所属年代	新石器时代 龙山文化
文物类别	玉器
文物尺寸	通长23cm　簪长19.6cm　直径0.8cm
出土地点	山东潍坊临朐县西朱封遗址
收藏地点	中国社会科学院考古研究所

已录入

史前时期 海岱星斗

这件玉簪是龙山文化时期的代表器物。玉簪通体磨光，设计得极为精巧，由"簪首"和"簪杆"两部分组成，可自由拆卸组装。簪杆为圆润光洁的竹节状，一端有卡槽，用于嵌插簪首。簪首底部两面均在鼻下磨出长方形凹面，凹槽两侧各有一圆形小穿孔，用于捆缚加固。簪首为冠状，乳白色，对称镂雕纹饰，簪冠周边镂雕出花牙，最上缘有三层卷翘突出的花牙，正是龙山时代神祖纹饰中常见的构成元素。

簪首的中部、下部以左右对称、形状各异的镂孔体现眉、目、鼻、口，生动形象。两端为翼状耳，左右耳垂部位镶嵌两颗圆形绿松石，像是头戴"皇冠"的神的形象，既高雅又庄重。

龙山文化正处于新石器时代晚期，先祖们能使用的工具多为石制或骨制，连青铜器都很少，能在如此简陋的条件下制作出这件构造精巧、纹饰繁复的簪子，古人的想象力与高超技艺着实令人拍手叫绝。

玉饰在当时可是"奢侈品"，再加上如此考究的做工，可知墓主人必定不是一般人，可能是具有某种特殊身份或是当时社会组织上层的显赫人物。这件可拆卸组合的玉簪是齐鲁文化深厚底蕴与独特魅力的体现，融合了镂孔透雕、阴线刻纹、玉件复合等多种工艺，堪称龙山文化玉器工艺的集大成者，是中国史前玉器的杰出代表，为全国仅见。

夏商周时期齐鲁之邦

石耜
三十二 ——翻土耕田地

文物登记卡

名　　称	石耜（sì）
所属考古文化	岳石文化
文物类别	石器
文物尺寸	通长23.6cm　通宽10.7cm　厚1.5cm
出土地点	山东东营广饶县城西北石村镇营子村
收藏地点	东营市历史博物馆

已录入

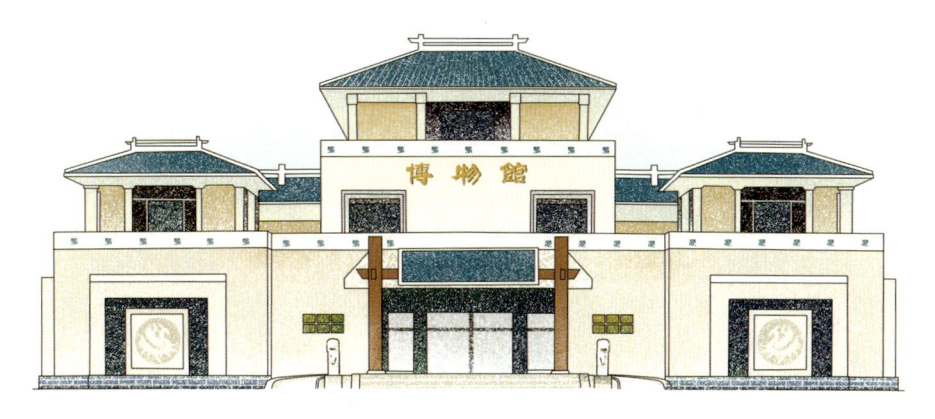

东营市历史博物馆

在以黑陶著称的龙山文化之后,古老的山东大地出现了一种新的文化——岳石文化,该文化因最早发现于青岛市平度东岳石村而得名。

至此,海岱地区先后经历了后李文化—北辛文化—大汶口文化—龙山文化—岳石文化,其中岳石文化所处时代大致与中原地区的二里头文化时期相当,只是二者各自发展,因此,中国考古学奠基人之一的夏鼐（nài）先生曾说"山东地区史前文化的发展,自有其演化的序列,与中原地区的和长江下游地区的各不相同"。

岳石文化是山东省境内继大汶口文化和龙山文化之后,又一次具有划时代意义的考古发现。它的确定填补了山东考古学文化发展序列中的一段空白,使山东地区新石器时代与青铜时代有机地连接起来,构成了山东考古学文化较为完整的发展谱系,对于探寻东夷文化的文化面貌和性质及夷夏、夷商关系具有重要意义。

在距今三四千年前,生活在海岱地区的人们一边从海洋中获取食物,一边也不忘耕耘脚下这片土地。这时候,总免不了要借助工具,耜便是其中一种。

耜为古代的一种农具,形状类似现在的铁锹。据《易经·系辞》记载:"斫（zhuó）木为耜,揉木为耒（lěi）,耒耨（nòu）之利,以教天

夏商周时期 齐鲁之邦

下。"即砍断木头做耜，烤弯木头做耒，把耒耜的利处教给天下人民，这里面的耜和耒都是古代翻土耕地的农具。

　　人类最开始刀耕火种的农业生产方式非常粗放，先用火烧出一片荒地，等到雨水将土地淋得湿软之后，再用尖木棒戳地作穴，将种子点入穴中，此后便不再做任何管理，任由种子随意生长，靠天吃饭。技术是在生产实践中不断产生以及进步的，为了提高尖木棒翻掘土壤的效率，进一步提高土地生产能力，人类在尖木棒的下端绑上横木，这样就可以将脚蹬在横木上，借助腿部的力量翻土——木耒就此诞生。此后，我们的祖先不断改良木耒，逐渐加宽耒尖刃部，演进成了一种铲形农具——耜。最早的耜应该也是木制的，但容易磨损，后来便用骨头和石头取代木头，制成了骨耜和石耜。

　　耒耜的发明不仅标志着人类从刀耕火种进入了"耜耕农业"，而且对农具影响深远，后世的锹、铲、锄、犁等农具都源于耒耜，它们的出现与发展与农业相适应，标志着生产模式的革新。

● **小知识：** 岳石文化

　　岳石文化因最早发现于山东平度东岳石村而得名，分布范围主要以泰沂山为中心，北起鲁北冀中，向南越过淮河，西自山东最西部和河南的兰考、杞县、淮阳一线，东至黄海之滨，是海岱地区继山东龙山文化之后又一支著名考古学文化，其绝对年代大致距今3800—3400年，与中原地区的二里头文化相当。

　　岳石文化的陶器以古朴典雅、厚重实用为主要风格，夹砂陶的草率粗糙与泥制陶的古朴精致并存。此外，岳石文化还盛行子母口、凸棱、唇边外凸等装饰手法，形成了自己独特的文化特征。

蘑菇钮器盖
——"岳石"代言物

〔三十三〕

文物登记卡

名 称	蘑菇钮器盖
所属考古文化	岳石文化
文物类别	陶器
文物尺寸	通高10.2cm 口径15.8cm
出土地点	山东泗水尹家城遗址
收藏地点	山东大学博物馆

已录入

夏商周时期 齐鲁之邦　061

这是陶器上面的盖子，为泥质磨光黑皮陶，上面有一个蘑菇形的捉钮，直径稍小，盖面斜高，近截顶圆锥体，顶面微下凹，周边棱缘稍外突，子母口较直。

这件文物既算不上美观、精致，也不见其完整形态，但这种蘑菇钮器盖在岳石文化中十分常见，是岳石文化的代表性器类之一。

海岱地区在经历了著名的大汶口文化和龙山文化之后，岳石文化的制陶技术、种类和器形都有较大变化，呈现出明显的衰落。留存陶器大多为泥质灰胎黑皮陶和夹砂红褐陶。泥质陶的胎壁厚，种类少，不过都采取了先进的轮制方法，火候也比较高，还常常饰有凸棱、唇边外凸或叠唇等装饰手法。

蘑菇钮器盖多采用子母口设计，使得器盖与器身紧密结合，主要用于覆盖陶器的开口部分，起到防尘、保温等作用。

蘑菇钮器盖独特的造型和风格不仅反映了岳石文化的陶器制作水平，也体现了当时人们的审美观念和生活习俗，对于研究岳石文化的陶器制作、社会结构、经济生活等方面都具有重要的参考价值。

山东大学博物馆

圆鼎
——商鼎成重器

〔三十四〕

文物登记卡	
名　　称	圆鼎
所属年代	商代
文物类别	铜器
文物尺寸	通高54.9cm　口径30.9~40.4cm
出土地点	山东济南历城区大辛庄遗址
收藏地点	山东大学博物馆

夏商周时期　齐鲁之邦　063

北辛文化中诞生了迄今为止发现的最早的盖鼎，这类形制特殊的鼎器成为山东地区新石器时代的代表性器物之一。鼎最早是一种炊具，多为陶制，随着时间的推移和技术的发展，夏朝二里头文化时期出现了青铜鼎，其也成为祭祀用的一种礼器。而将青铜鼎进一步发扬光大的却是商朝人。

相传，商汤祖上是东夷人的一支，他们骑在水牛背上，四处迁徙。《史记·殷本纪》中写道："成汤，自契至汤八迁。"契是商人始祖的名字，意思是，从始祖开始到商汤时，这支部族一共迁徙了八次。在不断迁徙的过程中，他们学会了如何与周边的部族互通贸易。后来，我们便把做买卖的生意人称为商人。这支东夷族人从山东西部一路向西，来到了河南中东部，后来商汤出生，其出生地得名商丘。根据史书记载，大约在距今3550年前，商汤带领商人攻灭了夏朝。

或许是出于仁慈，又或许是觊觎夏人的青铜铸造技术，商汤占领二里头后，并没有将夏国遗民斩尽杀绝，反倒允许他们继续留在这里。就这样，在商人的严密监视下，夏人把冶铸青铜器的技术一五一十地传授给了商人。

这件青铜鼎便属于商代早期。此鼎为炊器。方唇、圜底，宽折沿，深腹微鼓，口沿上立两个对称拱形竖耳，三锥状足内部空心，足上部饰浮雕兽面纹，扉棱为鼻、圆眼凸出、浮雕双角夸张，线条云纹点缀，上腹部则饰一圈较窄的带状兽面纹，兽面圆目凸出。器身厚重，通体有烟炱（tái）痕迹，器身、底可见清晰的范线，器腹可见大块的补铸痕迹，出土时一足尖略残，口沿部有裂痕。

商代开启了青铜器的盛世王朝。商周时期，青铜鼎形制愈发宏伟，成为最重要的礼仪性食器和国之重器以及王朝制度与精神的象征。时至今日，鼎仍寓意着团结、统一、昌盛与吉祥，而"鼎"的观念的一脉相传，正是中华文化源远流长、生生不息的生动体现。

● 小知识：大辛庄遗址

大辛庄遗址，是山东省已知面积最大的一处以商代遗存为主的考古遗址，是商王朝经略东方的统治中心，在商代前期后段至后期早段，为中国东方地区规格最高的一处遗址，也是全国范围内发现最早、研究时间最长的商代遗址之一。

该遗址位于山东省济南市历城区王舍人镇，除了商代遗存，还有后李文化、龙山文化、岳石文化遗存，占地面积约为30万平方米。其中，共发掘商代墓葬141座，获取包括陶器、骨角器、玉石器、青铜器等各类文物4000余件以及大量动植物标本。甲骨文（商代卜辞）是殷墟之外的首次发现。

这些文物遗存表明了商王朝与周边地区特别是东方地区的关系，也为解读和探索商代的国家形态及社会结构等提供了直接证据，对研究华夏文明多元一体格局的形成与发展具有极其重要的价值。

三十五 铜罍和铜斗
—— 盛酒永流芳

文物登记卡	
名　　称	铜罍(léi)和铜斗
所属年代	商代
文物类别	铜器
文物尺寸	罍高24.7cm　口径13.3cm 铜斗长35.5cm　高4.6cm　柄首宽4.5cm　柄身宽2cm
出土地点	山东济南历城区大辛庄遗址
收藏地点	山东大学博物馆

已录入

齐鲁瑰宝

罍是古代大型盛酒器和礼器，流行于商晚期至春秋中期。从造型来看，罍像一个壶，但比壶要大，它的特点是小口、广肩、深腹、圈足，并且通常配有盖子，多用青铜或陶制成。罍除了这种圆形的外，还有方形罍，方形罍出现于商代晚期，而圆形罍在商代和周代初期都有。《诗经》中也经常提到罍，比如在《诗经·周南·卷耳》中就有这样的记载："我姑酌彼金罍，维以不永怀。"

这件铜罍口微微外撇，沿口略折；颈部长直，颈饰两周弦纹；略斜肩，肩部饰兽面纹带，其上均匀分布三个凸起的羊首；深腹略鼓，腹部一周装饰有三组双目凸出的兽面纹，三组兽面纹之间又装饰了三组倒置的双目较小的兽面纹；底部为圈足，圈足上有三个等距的椭圆形镂孔。器壁内近肩部铸有两个桥形錾。出土时，罍内还放置有一件铜斗，显然是配套使用的。

世人皆知，商人好酒，商人的酒器也做得豪放，以匹配其豪饮之风。上自王公贵族，下至平民百姓，他们对酒的钟情不仅体现在日常生活中，更渗透到了政治、经济等各个领域，可见酒在商朝社会中的重要地位。

商人敬畏神明，祭祀之于他们是非常重要且常见的仪式，而酒后飘飘然的感觉或幻觉，或许被他们认为可以帮助他们与神灵和祖先进行沟通，因此，酒也是商代祭祀活动中不可或缺的神圣之物。据商代甲骨文记载，当时酒的种类分为鬯（chàng）与醴（lǐ），每逢祭祀，用酒量很大，有时一次甚至多达上百卣（yǒu），而且频繁地举行祭祀，也反映出当时酿酒业的规模巨大。

不过，商人酗酒之风盛行可能也带来了一个好处——促进了青铜器制作技术的提高，尤其是酒器的发展达到了前所未有的繁荣。在商代贵族墓葬中，出土了大量精美的青铜酒器，如爵、觚（gū）、角、觯（zhì）、壶、杯、斝（jiǎ）、尊、卣、觥（gōng）等，这些酒器不仅种类繁多，而且纹饰精美，反映了当时高超的青铜铸造工艺。

夏商周时期 齐鲁之邦

铜盉
—— 浓淡自调和

三十六

文物登记卡

名　称	铜盉（hé）
所属年代	商代
文物类别	铜器
文物尺寸	通高37.4cm
出土地点	山东济南历城区大辛庄遗址
收藏地点	山东大学博物馆

已录入

　　这件封顶盉出土时即为一对，大小、形制相同。半球形顶盖上有一管状流管和开口，开口与流管之间有一对大乳钉，颈与足之间有一兽首拱形鋬，鋬下有一垂珥（ěr），底部分裆，下面为三肥袋足，通体都装饰有细密的纹饰。这种封顶盉在安阳殷墟之外本就鲜有发现，而满饰精美纹饰的

068　齐鲁瑰宝

商代封顶铜盉就更为珍贵了。

　　大辛庄遗址所在的鲁中地区，自古便是东夷族的活动区域。随着商文化的向东扩展和其与当地土著文化的融合，该地形成了独具特色的地方文化类型。

　　关于盉的用处，长期以来争议较多。这是因为先秦典籍中几乎没有关于盉的记载。宋朝吕大临在《考古图》一书中就提及："按盉不见于经。"不过考古学家却在西周出土的文物中找到了名为"盉"的青铜器。于是，过去有学者根据"盉"字的字形和解释，尝试解读"盉"的用途。东汉许慎在《说文解字》中说："盉，调味也。从皿禾声。"北宋官修韵书《广韵》也有类似的说法："调五味器。"意思是说"盉"的字形像是把饭放在食用器"皿"之中，冒着香气，借指用来调和食品的一种食器。一直到宋代，人们都遵照这种说法。

　　到了近代，逐渐有了一些新观点，认为盉可能是一种酒器或者调酒器。比如，著名学者王国维在《说盉》中写道："余谓盉者，盖和水于酒之器，所以节酒之厚薄者也"，"盉之为用，在受尊中之酒与玄酒和之，而注之于爵"。其中"玄酒"就是古时祭礼用于代替酒的清水。所以王国维的意思是，古人怕饮酒过量，就在盉里盛满"玄酒"，喝酒时，一边往"爵"中加入正常的酒，一边加入清水做的"玄酒"，使酒没有那么浓烈。因此，王国维认为，盉是用来调和酒浓淡的器具。

　　这种说法不无道理。周人消灭商朝后，认为强大的商朝之所以灭亡，主要是因为王公大臣酗酒成风，荒于政事。尤其是商纣王更是"以酒为池，悬肉为林，为长夜之饮"。所以，西周提倡适度饮酒，周公甚至还写了中国第一篇禁酒令《酒诰》，以警示国人：切莫贪杯，贪杯亡国。现在学者大多也认同王国维的这一说法。除此以外，现代还有学者认为，盉可能还兼具温酒的功能。因为盉下面有腿，可以放在火上加热，用来温酒。不仅如此，盉出土时，常常与盥（guàn）洗用的盘和匜（yí）放在一起，依据这种青铜礼器的组合关系来看，盉也可能是盥洗用的水器。这其实也不矛盾，在古代有些器物本就是一器多用，区分不是那么严格。

夏商周时期　齐鲁之邦　　069

三十七 亚醜钺
——海岱惟青州

文物登记卡	
名　称	亚醜（chǒu）钺
所属年代	商代
文物类别	铜器
文物尺寸	通长32.7cm　通宽34.5cm
出土地点	山东潍坊青州苏埠屯遗址1号墓
收藏地点	山东博物馆

已录入

《尚书·禹贡》云："海岱惟青州。"位于山海之间的青州是大禹划分的九州之一，古代指的是东起大海、西至泰山的广大地区，历史绵延7000余年。就是在这里，发掘了著名的苏埠屯商墓。1965—1966年间，山东博物馆在青州市苏埠屯发掘了两座商代大型墓葬，其中，1号墓出土了一对兄弟般的铜钺。如今，两件青铜钺南北相望，各据一方，成为山东博物馆和中国国家博物馆的国宝重器。

钺这种器型大约出现于新石器时代晚期，初时多为石质和玉质。至商代，出现了种类繁多的青铜钺。

在古代，钺有多种不同的用途。首先，它是一种实用的作战兵器，《史记·鲁周公世家》载："周公把大钺，召公把小钺，以夹武王。"即是以铜钺作为守护的武器。其次，钺还是一种刑具，据《说文解字》记载："钺，大斧也。"《国语·鲁语》载："大刑用甲兵，其次用斧钺。"再次，钺作为一种有一定身份地位的王公贵族使用的武器，由于形体笨重，杀伤力有限，逐渐成为一种礼兵器，象征着身份、地位、权力等。《史记·殷本纪》载："汤自把钺，以伐昆吾，遂伐桀（jié）。"考古发掘也证实了这一点：在一些规模较大、规格较高的墓葬中，石质或玉质的钺往往是标志墓主人身份地位的重要随葬品。在甲骨文中，"王"字看上去与斧钺形象相似，因此有了"斧钺"象征"王权"、代表着权力和地位的说法。特别是到了商代青铜钺种类繁多，除作为一种特殊的武器和刑具外，更重要的是用以象征权力和社会地位。

此钺形制巨大，为礼器，也是权力的象征。钺体呈长方形，肩部有双穿，两侧斜直，近刃部外张，饰有扉棱，弧刃。钺身透雕夸张的人面纹，人面五官微突出，环目阔嘴，威猛狰狞，嘴角上扬，口中露出城墙垛口似的牙齿，展现出一种威严的表情。口部两侧对称地铭有"亚醜"二字，因而得名。

中国国家博物馆收藏的兽面纹铜钺与亚醜钺模样相仿，也是形体巨大，通长31.8厘米，刃宽35.8厘米，两面均透雕着张口怒目的人面纹，眉、目、耳、鼻、口均突起。直刃，双穿，两侧无扉棱。这两件钺像孪生兄弟，但仔细对比，也能发现它们的扉棱、刃部外张程度、"脸"的长

兽面纹铜钺（中国国家博物馆藏）

夏商周时期 齐鲁之邦　071

短、嘴巴及耳朵的大小等都有不同。

苏埠屯1号商墓还出土了多种青铜器，很多器物上都有"亚醜"二字铭文，有人推测这里可能是亚醜族的墓地，墓主人可能是仅次于商王的方伯一类的人物，"亚醜"是其族徽的标记。

关于亚醜族到底是哪一族，目前学界还没有定论。有学者认为，亚醜族活跃在山东青州一带，是商王朝在东方的主要盟国之一，其经济繁荣、实力强大，文化与商代晚期文化有很高的一致性。据文献记载，商末周初这一带为薄姑氏所居，因此铜钺等青铜器或为薄姑氏的遗存。东夷文化起源于山东，因此也有学者认为苏埠屯商墓是反叛商王朝的东夷首领之墓。苏埠屯1号大墓里还出土了3790余枚海贝，反映出当时该地可能经济繁荣，而这可能曾激起了商王的贪欲，致使他发动掠夺战争。

- **小知识：苏埠屯遗址 1 号墓**

苏埠屯1号墓位于山东青州市苏埠屯乡苏埠屯村东的北埠岭上，该墓是一座商代大型奴隶主墓，是拥有四条墓道的大墓，墓室呈长方形，墓室中部有木板筑成的"亚"字形椁室——这也是除河南安阳殷墟以外，唯一一座带四条墓道的"亚"字形大墓。该墓人殉数量多，埋葬规格高，墓中殉葬48个奴隶和6只狗。

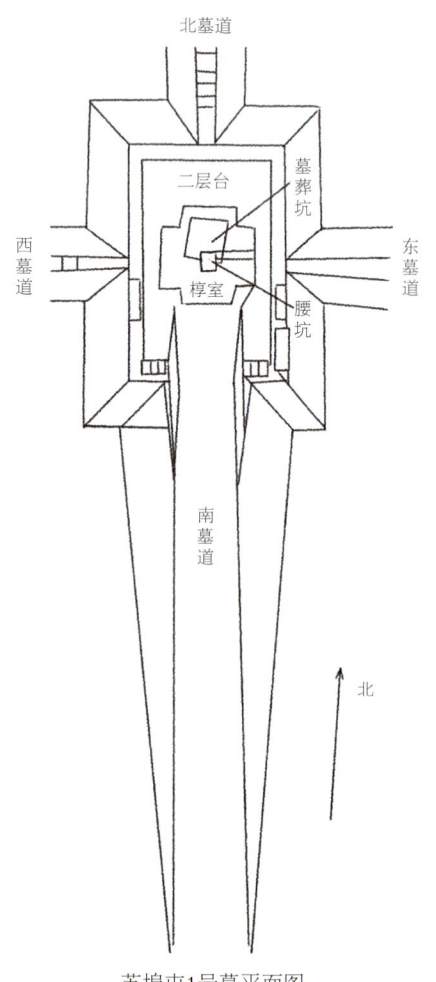

苏埠屯1号墓平面图

072　齐鲁瑰宝

融觯
—— 尊者举觯饮

三十八

文物登记卡

名　　称	融觯（zhì）
所属年代	商代
文物类别	铜器
文物尺寸	通高18.9cm　通宽7.8cm　口径8.8cm　底径7.7cm
出土地点	山东潍坊青州苏埠屯遗址
收藏地点	山东省文物考古研究院

已录入

夏商周时期　齐鲁之邦

觯是古代酒器，形似尊而小，大都有盖，盛行于中国商代晚期和西周初期。相比其他酒器，觯出现较晚，纹饰非常精美。

　　《礼记·礼器》中记载："宗庙之祭，贵者献以爵，贱者献以散；尊者举觯，卑者举角。"据此可知，觯在古代应为身份尊贵之人的饮酒之物。

　　这件觯器型精巧、制作精致，整体呈椭圆体。器盖呈圆弧形，子母口，顶有蘑菇形钮。器身侈口，方唇，卷沿，束颈，圆肩，鼓腹，圜底，高圈足，下有台座。器盖、颈、腹、圈足部位相对应的位置均有四条高扉棱作为纹饰的分界。器身满布纹饰，均以云雷纹为地。器盖饰以对称分布的凤鸟纹。口沿下饰三角形纹带，内填兽面纹。颈部、圈足饰简化兽面纹，仅圆目凸出，躯干以线条表现。腹部饰醒目而对称的凤鸟纹。凤鸟纹均是尖喙突出、长冠、爪锋利、长尾着地。器身纹饰均采用浮雕的表现形式，主题纹饰凸出、形象鲜明、生动传神，是为精品。

　　在器物内底和盖内都有"融"字铭文，即融家族徽。有学者认为，融族应该是从亚醜族分化出来的新氏族，属于殷商时期的东夷方国。这件融觯的出土，为研究融族在山东的活动，以及融族与亚醜族的关系提供了重要线索。

　　商人嗜酒，因此，酒器的制作考究。西周大盂鼎的铭文曾记载："我闻殷坠命，唯殷边侯甸与殷正百辟，率肆于酒，故丧师。"意思是说："我听说殷商丧失了上天所赐予的大命，是因为殷商从远方诸侯到朝廷内的大小官员，都经常酗酒，所以丧失了天下。"西周初年，周公吸取殷商腐败灭亡的历史教训，特意颁布了中国最早的禁酒令——《酒诰》。随着商代好酒文化的没落，后世的青铜觯就不多见了。

举方鼎
——举族商重用

二十九

文物登记卡	
名　　称	举方鼎
所属年代	商代
文物类别	铜器
文物尺寸	通高23cm　腹纵15.6cm　横13.9cm　足高8.4cm
出土地点	山东济南长清区小屯遗址
收藏地点	山东博物馆

已录入

夏商周时期 齐鲁之邦

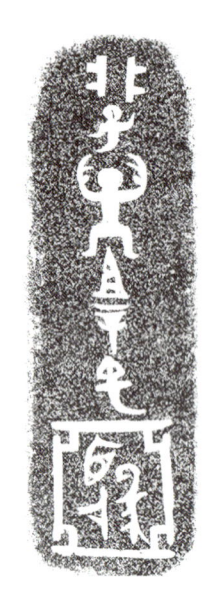

鼎内壁铸铭拓片

山东小屯遗址出土了两件方鼎，其形制、纹饰相同，整体呈长方形，口沿略外折，两竖耳，四柱足，四隅有扉棱。口沿下饰夔纹及联珠纹，腹饰巨睛凝视的兽面纹，均以云雷纹为地，四足饰阴线蝉纹。腹内壁铸有铭文"举祖辛禹"及徽号。

对带有此类铭文的青铜器，宋代考古学家吕大临的《考古图》内有记载，对铭文的后三字一般没有什么争议，各件器物后面的铭文也不尽相同，但对前三个铭文却有许多不同的解释。吕大临称其为"析子孙"，清代以前乃至现代仍有许多人沿用。著名考古学家于省吾先生通过形、音、义的综合分析及少数民族文字的旁证材料，并结合文献，将其释为"举"字，认为其形状像大人举子于床，是抚育幼子的意思。在古代"举"字用于描述生子之事时，蕴含收养之意；而"不举"则表示抛弃。商代金文中出现此字，极有可能是其祖先经历过"举子"的事件，或有"弃子复举"的事迹。基于此，后世子孙创造出这个具有象征意义的文字，将其作为族群的标志。现在学术界多认同于省吾先生的意见，将此字释读为"举"，此鼎也因此被命名为"举方鼎"。

商代晚期的举族铜器基本都是在安阳殷墟和山东一带发现的。据统计，明确为举族的铜器至少已有168件，另有40余件为举族复合族徽或其变体，合计已超过210件。能拥有数量如此庞大的青铜器，想必举族绝不是一支普通氏族。通过专家对甲骨卜辞和青铜器铭文等的研究，可以推测举族是商代晚期一支强大的宗族，在商王室中担任重要官职，受到商王重用，武丁时期，曾多次参与征伐西部边邑异族的战争，为商王室立下赫赫战功。

山东的举族可能是商末对东方诸族进行武力征讨的一支主力军，长清一带应是山东举族聚居之地。至西周时期，周王对商代遗民采取了分而治之的政策，举族及其支族被分散到各个诸侯国，并逐渐融入周人及其他族人之中，从此举族徽号逐渐退出历史舞台。不过，这件精美的举方鼎以它神秘的纹饰和刚劲有力的铭文，依然彰显着举族当年的荣耀。它与亚醜钺等其他商代文物一起，构成了山东古代文明的宝贵遗产，为博大精深的中华文明增砖添瓦。

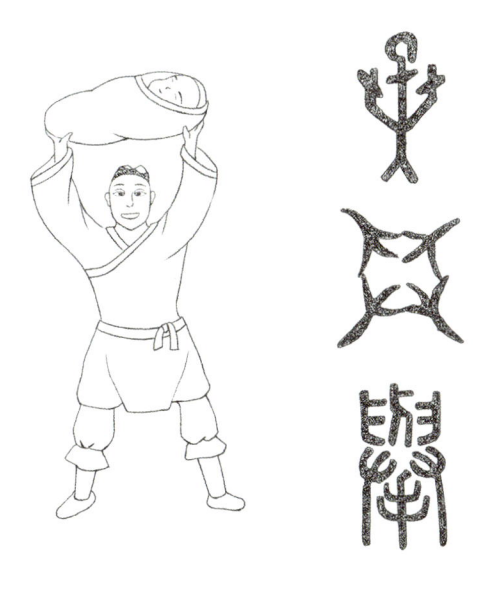

"举"字的演变

甲骨卜辞
——卜骨问吉凶

文物登记卡	
名　　称	甲骨卜辞
所属年代	商代
文物类别	甲骨
文物尺寸	残长18cm　残宽10.7cm
出土地点	山东济南历城区大辛庄遗址
收藏地点	山东大学博物馆

已录入

甲骨卜辞是指中国商周时期刻在龟甲、兽骨上记录占卜的文字，因此称之为甲骨文，又称"契文""殷墟文字"或"龟甲兽骨文字"，是迄今为止中国发现年代最早的成熟文字系统。占卜使用的骨料有两种：第一种是家牛、水牛或少数其他动物的骨骼，主要是肩胛骨；第二种是龟的腹甲和（少数）背甲。

占卜吉凶在商代社会的各个阶层可能都普遍存在，而刻字卜骨都来自商王的问卜。占卜过程中，问卜、刻辞、解释等均由专人负责，有时商王本人也会亲自问卜，就算不是亲自问卜，也都是以商王的名义进行。

司马迁在《史记·龟策列传》中说："自古圣王将建国受命，兴动事业，何尝不宝卜筮以助善！"这段话的大意是说，自古以来，圣明的统治者接受天命治理国家，都会借助占卜和巫术来预测吉凶，借之做出决策。可见古代统治者对天命和神意的重视。

《龟策列传》中还详细描述了卜龟的过程和方法："取龟置火中灼之，依其裂兆而占吉凶。"古人通过观察灼烧后的龟甲的裂纹和形状，来推断预测吉凶祸福。

1936年，英国的考古学家林仰山（F.S.Drake）来到山东济南大辛庄进行考察，发掘了很多文物，比如青铜器、骨器等。2003年，考古人员又在大辛庄的东南侧，发现了数片甲骨文物，这件甲骨片就是其中之一。

此片卜甲由四块乌龟腹甲甲片缀合而成，在使用前经过精细的处理，刮削痕迹明显，厚薄均匀，正反面均较光滑。右甲桥中部偏下部分有一小穿孔，尾左甲近边缘处有一半圆形穿孔，钻、凿、灼痕迹具备。刻辞内容为卜辞，分布于前左右甲和后左右甲，其中后左右甲局部漫漶（huàn）不清。

大辛庄甲骨文一经发现便在学术界乃至社会上引起了很大的震动，因为这是首次在河南安阳殷墟以外发现的唯一真正具有商代意义的甲骨文。这为重新审视大辛庄遗址的性质、认识商王朝与周边地区特别是与山东地区的关系，提供了极其重要的资料。大辛庄出土的甲骨文在字形和字体上与殷墟出土的甲骨文没有多大区别，进一步证实了大辛庄遗址是商文化的一部分。也许大辛庄遗址曾是一处方国都邑，这片甲骨就是他们的贵族在这里进行祭祀和日常活动的证明。

总的来说，大辛庄甲骨文丰富了我们对山东地区商代历史的认识，对于研究山东地区商代文化的特征具有重要意义。

俏色玉鱼鹰

—— 鸟衔鱼欲舞

三十二

文物登记卡	
名　　称	俏色玉鱼鹰
所属年代	西周
文物类别	玉器
文物尺寸	通长5.2cm　通宽3.6cm　厚0.6cm
出土地点	山东济南济阳刘台子遗址
收藏地点	济阳博物馆

已录入

夏商周时期　齐鲁之邦

在山东有一条徒骇河，它是《尔雅·释水》中记载的古代传说中的九河之一，发源于山东省西部，从西南向东北注入渤海，如同一位智者见证着山东历史的变迁和文化的积淀。在流经济阳区西北部的徒骇河南岸，有一处历史悠久的西周墓葬遗址——刘台子遗址。据说，这是一处连孔子都曾亲自驱车拜谒的圣地，其文化堆积保存完整、连续，有着丰富的文化遗存，出土了多类器物。其中，玉器的数量极为可观，多达954件，而且种类丰富，有玉璧、玉琮、玉戈、玉钺、玉人、玉龙、玉鱼等，可谓是西周早期玉器的重要发现地。

在这一批雕琢精美的玉器中，这件俏色玉鱼鹰最为巧夺天工，是西周早期俏色艺术珍品，其构思绝妙，形象优美，比例准确，生动传神，已被收入《中国文物精华大辞典》。

"俏色"是玉器翡翠行业中一个通用的专业名词，是指根据玉料的天然色泽来进行雕刻。这件俏色玉鱼鹰便是使用了此技巧，青黄色部分雕刻成鱼鹰，褐色部分雕刻成鱼鹰口中衔着的鱼，突出了形象的表达，完美地做到了"因材施艺""因色取巧"，将玉石材料先天的材质与后天的艺术创作有机地融为一体，取"山川之精英"融"人文之精美"。

这件鱼鹰头部纤细，其上有一个两面钻的孔洞，体现了工匠技艺之精绝。鱼鹰作回首姿态，长长的喙紧紧衔着一条鱼，展现出捕获猎物的瞬间。双翅上刻有卷云纹，背部的羽毛仿佛在风中飞扬，爪子向前伸展，生动地再现了捕鱼的一刹那。如清代词人纳兰性德在《摸鱼儿·午日雨眺》中描述的"台榭空蒙烟柳暗，白鸟衔鱼欲舞"。

在新石器时代，鸟衔鱼的组合图像就已出现，其中最著名的一件是收藏于中国国家博物馆的鹳鱼石斧图彩陶缸。该彩陶缸出土于河南，距今约6000年，是中国首批禁止出国（境）展览文物。其缸身上画着一幅"鹳鱼石斧图"，画面左侧站着一只身姿挺立的白鹳，叼着一条鱼，右侧画着一把竖立的装有木柄的石斧。原始社会的先民喜欢将动物作为氏族图腾，鹳和鱼可能分别是两个部落的图腾，鹳把鱼叼在嘴里，意味着"鹳部落"打败了"鱼部落"。因此，有些专家认为，这幅"鹳鱼石斧图"并不是一幅

082 齐鲁瑰宝

简单的写实画作，描绘的是黄帝代表的鸟部落打败炎帝代表的鱼部落的故事。后来，鸟衔鱼的组合图像在商周秦汉历代都出现过。

鹳鱼石斧图彩陶缸（中国国家博物馆藏）

● 小知识：刘台子遗址

　　刘台子西周墓地位于山东省济南市济阳区刘台子村西约200米的高台上。20世纪70年代末、80年代初中期，山东省考古工作者对墓地进行了3次科学发掘，共发掘了5座墓葬，出土了大量的西周时期的青铜器、玉器、陶器等文物。青铜器上铭文大多为"夆（páng）"或与之相关的铭文，说明墓主为逄（páng）国国君。出土物中玉器数量众多，制作精美，为了解和研究西周的葬礼制度、宗教信仰、青铜文化等提供了有利的实物证明。

夏商周时期　齐鲁之邦　　083

龙凤冠人形玉佩
—— 人神玉中凝

三十二

文物登记卡

名　　称	龙凤冠人形玉佩
所属年代	西周
文物类别	玉器
文物尺寸	通高7.05cm　通宽3.7cm
出土地点	山东泰安岱岳区道郎镇龙门口村
收藏地点	泰安市博物馆

已录入

图腾崇拜是人类历史上最早的一种文化现象，崇拜的对象多种多样，有自然现象，也有动植物，它们是祖先或神的灵魂的载体。在原始社会中，人们将对不同力量的崇拜附会在动植物上，如狮子象征勇气和力量，蛇象征智慧和再生，鸟象征自由和祥瑞；而自然崇拜的对象则包括太阳、月亮、山川、河流等自然现象或天体，它们被拟人化和神化，被赋予了至高的权威。

　　后来，随着生产力的提高、社会结构的变化等，人对自然的控制能力上升，图腾崇拜也逐渐转变为祖先崇拜，即对人本身的崇拜。这一变化体现在器物上，便是人们开始用自己的形体来塑造神祇。于是，玉人应运而生。这件龙凤冠玉人佩既有代表图腾崇拜的龙凤纹，又有象征祖先崇拜的人的形象，体现的便是从物神到天神再到祖先神的发展过程。

　　此玉佩整体为青玉质，呈扁平弧形片状，两面纹饰相同，为线刻镂雕正面立姿人物造型，以阴线刻出冠、眼、鼻、嘴、胸及衣饰，人像身着长

泰安市博物馆

夏商周时期　齐鲁之邦

袖衣，袖口上卷，束腰，长裙外展呈三角形，双臂下垂，双足外撇，头戴龙凤合体冠，冠顶有一圆孔以便佩戴。

  玉人是西周玉器中十分重要的一个类别，其主要特点便在于突显人的精神面貌，这也是西周玉器在中国古代玉器史上最重要的贡献。西周时期是中国礼制文化形成和发展的重要阶段，部分玉人仍延续着礼器功能，通过刻画人物的精神面貌，来表达对"礼"的重视。还有一部分玉人逐渐从专属祭祀用器转化为装饰品，成为高等级贵族身份与地位的象征。

  相较于早期的玉人，西周时期的玉人造型更加写实，面部表情和服饰细节都刻画得更为细腻，传达出庄重、虔诚的情感。这乍看是对玉器进行的人文属性的丰富，细想来却是对周朝的观念思潮和精神形态的反映，为春秋战国玉器的理念化、人格化奠定了基础。

  西周时期的山东有着怎样的社会结构和文化特征，这件龙凤冠玉人佩为我们提供了一条线索，引领着我们去探寻……

裸人铜方奁
——形奇意成谜

三十三

文物登记卡

名　称	裸人铜方奁（lián）
所属年代	西周
文物类别	铜器
文物尺寸	通高7.5cm　通长12cm　通宽7.5cm
出土地点	山东日照莒县
收藏地点	山东博物馆

夏商周时期 齐鲁之邦　　087

奁器是古代一种盛装女性梳妆用品的匣子，也泛指精巧的小匣子，一般装有镜子、梳子等。在古籍诗词中常有"奁"的描写，如《正字通·大部》有："今以物送女嫁曰妆奁（嫁资）。"宋代词人李清照也曾写道："任宝奁尘满，日上帘钩。"（《凤凰台上忆吹箫·香冷金猊》）奁大多数是漆木制作，为方便存放，大多数都制作成方形或者多边形，也有多层的。

这件裸人铜方奁由青铜铸就，其特点在于造型和用途。奁呈长方形，这种长方形的铜奁盒迄今所见不过十几件，流行年代均为西周晚期至春秋早期，应是当时贵族女性所用的首饰盒。奁顶部有两片可以对开的小盖，每盖一钮，分别为男、女裸体人，二人生殖器着意铸出，呈面对面踞（jī）坐状。腹下部铸有6个人形器足，人形裸体，屈膝，双手在后背负器身。

枣庄市博物馆也收藏了一件春秋兽钮方形青铜奁，出土于小邾（zhū）国贵族墓葬，从出土位置判断，墓主很可能是小邾国国君之妻。此奁也呈

春秋兽钮方形青铜奁（枣庄市博物馆藏）

长方体，平底，顶部有两扇对开的小盖，盖上有卧虎和蹲兽盖钮，设计巧妙；上盖和四壁均饰有复杂的夔纹，底部外侧装饰有独特的菱形格纹，纹饰华美。整个盉体的四个面各饰有一只顾首向上的伏兽，栩栩如生。在它镂空圈足的底部两面同样分别装饰着四个半裸人像，不过相比第一件裸人铜方盉来说，要含蓄许多。

关于用男女裸人作为装饰的意义，学界说法不一，有人认为是"与人种起源的传说和祈求种族繁衍的思想有关"，"象征着子孙繁衍之意"；有人认为其是王公贵族用来把玩、观赏的；也有人认为与当时的社祭活动有关，实际上是原始时代实行群婚的残余；还有人认为此类造型除含有生殖精神外，因为出土于墓葬之中，可能代表一种"求生""复生"的期望，而且或具有厌胜之效，以辟邪祈吉。总之，这两件方盉造型奇特大胆，寓意神秘，具有极高的观赏和研究价值。

颂簋
——万世颂辉煌

三十四

文物登记卡

名　　称	颂簋（guǐ）
所属年代	西周
文物类别	铜器
文物尺寸	通高30.1cm　口径24.2cm
来　　源	系捐赠或收购而来
收藏地点	山东博物馆

已录入

中国最早的诗歌总集《诗经》中有"三颂"，即《周颂》《鲁颂》《商颂》，是以颂扬为内容的宗庙祭祀的乐歌，表达作者的祝愿。在西周晚期的青铜器中也有"三颂"，指的是西周晚期一位姓龚名颂的史官铸造的一组青铜礼器，考古专家以器形定名为"颂鼎""颂簋""颂壶"。

青铜簋是商周时期重要的青铜礼器和食器，主要盛放煮熟的黍、稷、稻、粱等粮食，作用相当于现在使用的饭盆。在商周礼制中，青铜簋通常在祭祀和宴飨时以偶数组合与以奇数组合的列鼎配合使用，比如天子用九鼎八簋，诸侯七鼎六簋，大夫五鼎四簋，元士三鼎二簋。

古人认为祖先死后灵魂会升天，通过祭祀祖先，可以获得先祖的庇佑。祭祀是古代社会极为重要的宗教活动。在祭祀过程中，会使用精美的食器来盛放食物，以示对神灵的尊敬和虔诚。这些食器不仅具有实用价值，更被赋予了神圣的意义，成为连接人间与神界的媒介。久而久之，食器便有了礼器的地位。

这件颂簋便是礼器。其器身为圆形，盖顶部有圆形捉手，腹微鼓、略下垂，子母口，腹两侧有一对兽首形耳，下有垂珥，圈足稍外撇，下有三个兽面象鼻形小足。盖、器口沿处各饰八组窃曲纹，盖顶捉手内饰卷体龙纹，捉手下与腹中下部各饰三周和六周瓦纹，圈足饰垂鳞纹。

这件颂簋是西周时期的重要铜器，也是山东博物馆现存铭文字数最多的西周青铜器。此器造型庄重，铸造精良，纹饰瑰丽，腹盖对铭，各15行，每行10字，最后一行有两重文，共152字，完整记述了颂接受周王册命的时间地点、册命的仪式、任命的官职、赏赐的物品，以及册命仪式完成后所做的事和祝词。青铜器"三颂"完整反映了西周王室册命官员的礼仪制度，其铭文在西周铜器铭文中较为少见，与《周礼》所记基本吻合，和《左传》等文献记载相互印证，是研究西周时代册命典礼制度难得的实物资料。

目前，传世的颂鼎共三器，上海博物馆、北京故宫博物院、台北故宫博物院各藏一件；传世的颂簋器盖俱全的有六组，分别藏于北京故宫博物院、上海博物馆、山东博物馆等处；颂壶有两件，中国国家博物馆和台北

夏商周时期 齐鲁之邦

故宫博物院各藏一件。"三颂"铸器精美，均为一级国宝，是记录周代礼制的珍贵礼器。

颂鼎（北京故宫博物院藏）

颂壶（台北故宫博物院藏）

铜胄

——身贯甲与胄

三十五

文物登记卡	
名　　称	铜胄
所属年代	西周
文物类别	铜器
文物尺寸	通高14.4cm　面阔18cm　壁厚0.1cm
出土地点	山东枣庄滕州官桥镇前掌大遗址
收藏地点	中国社会科学院考古研究所

已录入

夏商周时期　齐鲁之邦

今天，我们熟悉的一种保护头部的帽子叫头盔。但在古籍中记载："盔，器盂盛物也。"原指用陶瓷所制，像瓦盆而略深的容器。古代在战争中用以保护头部的帽子叫"胄"，属于兵器类，一般用厚皮革或金属制成。而保护身体其他部位的装具，则被称为"甲"，常与"胄"配套使用，故"甲胄"一词便成了中国古代防护装具的概称，二字也多相连用，唐诗中就有"幡（fān）旗如鸟翼，甲胄似鱼鳞"（杨炯《战城南》）的语句。

铜胄盛行于商代和西周，通常为圆帽形，左右和后部向下伸展，以同时保护头顶、面侧和颈部。有的胄顶有可插缨饰的管，有的胄前部装饰有兽面花纹。虽然青铜兵器在考古中较为常见，但相较于其他兵器类型，青铜胄的出土数量一直不多，且主要集中在中原及北方地区。

这件铜胄，皮制头盔外饰青铜，正面是一张简化的高浮雕兽面，大而圆的眼球突出于器表，这样既美观舒适，又强化防御，起到保护作用的同时，还不失威猛。

从这件铜胄身上，可以看出胄应该经历过一个非金属阶段，制作材质会用到皮革鞣（róu）制品及其他材质。古代战争频繁又残酷，人们对防具的要求越来越高，商周之际，青铜铸造业已经发展到较高水平，于是便将青铜技术运用到了兵器的生产和制作上。

一件防具的背后体现着一个时代的技术和社会发展水平。山东地区的文明不断发展演变，每一次社会变革和文化演进，都在这片土地上留下了深刻的印记。

滕侯方鼎
—— 叔绣始封滕

〖三十六〗

文物登记卡

名　　称	滕侯方鼎
所属年代	西周
文物类别	青铜器
文物尺寸	通高27cm　口径长16cm　宽11.5cm　腹深15cm
出土地点	山东枣庄滕州姜屯镇庄里西遗址
收藏地点	滕州市博物馆

已录入

夏商周时期　齐鲁之邦

1982年3月的一个清晨，庄里西村的村民在田间耕作时，锄头碰到了一个硬物，他用手小心翼翼地扒开泥土，发现了几件青铜器。于是，他把这些青铜器带到废品收购站，想着也许能卖个好价钱。废品收购站的工作人员发现这些青铜器造型古朴，纹饰精美，绝不是普通的废品，于是立刻打电话通知了文物保护部门。很快文物保护部门的考古专家们便赶到了庄里西村，对古墓进行了抢救性挖掘，出土了20多件文物，其中之一就是这件距今3000多年的滕侯方鼎。

滕侯方鼎是周朝统治者赐给诸侯国侯爵滕叔绣的一件方鼎，其与遗址中其他珍贵文物的出土，一起揭开了原本只存在于文献与传说中的神秘滕国的面纱。

《孟子·梁惠王下》记载："滕文公问曰：'滕，小国也，间（jiàn）于齐楚。事齐乎？事楚乎？'"这便是著名的滕文公问政。滕国是姬姓封国，旧城址位于今天山东省滕州市西南部的姜屯镇东、西滕城村一带，为周文王第十四子滕叔绣的封国。

尽管这件滕侯方鼎并没有后母戊鼎那样的名气，但依旧不失它的风

滕州市博物馆

采。鼎呈圆角长方形，带有子母口和鼎盖。盖上有四个卷龙形小钮，器身两侧有耳。腹部外鼓，底部设有四根柱状实足。盖及口沿下方饰有一圈夔龙纹和鸟纹，背景为云雷纹，具有节奏感。鼎腹部还装饰有四组饕餮纹，足部则有蝉纹和卷云纹。盖与器物内底铸有两行铭文，共六字："滕侯作宝尊彝。"大意是滕侯制作的珍贵礼器。西周早期，被封作"侯"的并不多见，鲁、燕为其代表。滕侯方鼎在形制和装饰上都极具特色，蕴含着丰富的文化内涵和艺术价值，在土下掩埋了3000余年，却保存得非常完好，铭文依然清晰可辨，充分显示了西周时期青铜器铸造的高超技艺，进一步反映出古滕国手工业的发达与经济文化的繁荣。

鼎身铭文拓片

● **小知识：滕国**

滕国，是中国周朝分封的诸侯小国，国君为姬姓，是周文王第十四子滕叔绣的封国，史称"叔绣封滕"。滕国始封于今河南卫辉，后迁封于现在的山东滕州，与鲁国接壤，存在了700多年，直到战国时期被宋国吞并，因国小力微，正史基本不记载。

滕国国土不大，"绝长补短，将五十里也"（《孟子·滕文公句上》），却有着丰富的历史遗存，出土了数以千计的两周时期的珍贵文物，它们不仅证明了滕国的存在，也为我们研究滕国的政治、经济、军事、文化等诸多方面，提供了宝贵的实物资料，丰富了中华文化的宝库。

三十七 "侯母"铭夔纹铜壶
——用求福无疆

文物登记卡	
名　称	"侯母"铭夔纹铜壶
所属年代	西周
文物类别	铜器
文物尺寸	通高39cm　口径10.2cm　腹径27cm　足径19.3cm 口壁厚0.5cm
出土地点	山东济宁曲阜市鲁国故城遗址
收藏地点	孔子博物馆

已录入

098　齐鲁瑰宝

曲阜鲁国故城是周代诸侯国鲁国的都城，鲁国故城平面呈不规则长方形，是按照周礼"左祖右社，面朝后市"的筑城规制建造的。1977—1978年，工作人员对鲁国故城进行了一次全面勘察，发掘出土了大量文物，此壶即在其中。

壶是青铜器中的重要类别之一，文献中关于壶的记载比比皆是。如《礼记·礼器》中曰："宗庙之祭，五献之尊，门内缶，门外壶。"可见壶在祭祀中作礼器用，多用以盛酒。《周礼·夏官·挈（qiè）壶氏》中亦有云："掌挈壶以令军井。"大意为挈壶氏靠悬挂水壶等来指示水源的位置，以确保军队的正常供给和秩序。

这件夔纹铜侯母壶是一件盛酒器，整体呈现出虫卵的形态，平口，矮颈，腹鼓，圈足。盘龙钮盖，两侧各有小环耳，上两侧各有一螭首环耳，器腹下部两侧各有一方形环耳，可能为穿绳之用。器身纹饰共分四层，从上至下分别为夔龙纹、叶脉纹、夔纹、叶脉纹；圈足饰垂鳞纹。纹饰繁而不杂，雕琢细腻，展示了西周时期山东地区高度发达的青铜铸造技术。

孔子博物馆

在这件古壶的盖沿和壶口上，各有一圈精美的铭文，每圈铭文均由15个字组成。铭文记载道："侯母乍侯父戎壶，用征行，用求福无疆。"意思是，侯母特别为侯父制作了这把壶，意在让他在出征和行军打仗时使用，并祈求上天赐予他无尽的福祉。这不仅展示了侯母对侯父深深的关爱，也反映了当时人们对器物寄托美好愿望的文化传统。从铭文可知该壶的制作者，再加上壶身饰有夔纹，因此得名夔纹铜侯母壶。

除了这件夔纹铜侯母壶，同墓葬中还出土了其他带有铭文的青铜器，且多为子女追孝其亡父所制，此壶是唯一一件妇为夫作器。遥想几千年前，侯母为即将行军出征的侯父准备了这件青铜壶，里面凝结了妻子对丈夫的担忧与关怀，也为后来研究西周宗法制度、丧葬制度提供了珍贵资料。

- **小知识：螭首**

螭或螭首，中国上古神话传说中的龙生九子之一，是一种没有角的龙，因其嘴大、肚子能容纳很多水，在建筑中多用于排水口的装饰。它的形象出现在酒器或水器上也与容纳酒水相关。

铜觥
——肃穆承先泽

〖三十八〗

文物登记卡

名　　称	铜觥
所属年代	西周
文物类别	铜器
文物尺寸	通高24cm　通宽25cm　足长径12.7cm 盖长径22.7cm　盖高9.4cm
出土地点	山东省淄博高青陈庄遗址
收藏地点	山东省文物考古研究院

已录入

夏商周时期　齐鲁之邦　　101

"觥"在现代生活中并不常见，但大多数人可能都知道"觥筹交错"这个成语。"觥筹交错"出自宋代欧阳修《醉翁亭记》："射者中，弈者胜，觥筹交错，起坐而喧哗者，众宾欢也。"可见，"觥"是古代宴会上使用的一种酒器。

　　从觥的字形上可以看出，觥最初可能是由动物犄角制作而成的。商人重酒，商代便出现了青铜制作的觥。青铜觥从形制上可以分为两大类：角形觥和兽形觥。角形觥就是形如牛角的觥，而商周时期出土最多的其实是兽形觥。兽形觥规格很高，大多被用来祭祀或用作王室贵族的陪葬。

　　此器就是一件非常典型的西周时期的兽形觥。觥主体为椭圆形，口流较宽，兽首錾带小耳。觥上部有盖，盖前端为牺首形，盖后有小錾，牺首圆目凸出、双角、双耳高耸。器身素面，腹部、圈足各有两道弦纹。底部为高圈足，盖内、器内底可见相同的两行铭文，共11字："豐（丰）肇（zhào）作厥且（祖）甲齐公宝尊彝。""齐公"指姜太公，"甲"是太公的日名，是用来祭祀先祖的名字。作器者是豐（丰），也就是姜太公的孙辈。

窃曲纹"鄩仲"铜盘
——宝盘伴嫁女

【三十九】

文物登记卡

名　　称	窃曲纹"鄩(xún)仲"铜盘
所属年代	西周
文物类别	铜器
文物尺寸	通高14.3cm　口径42cm　底径28.2cm
出土地点	山东潍坊临朐(qú)县嵩山泉头村周乙墓
收藏地点	临朐县博物馆

夏商周时期　齐鲁之邦　103

盘器的出现和使用在中国古代最早可追溯到新石器时代。原始先民参照自然界的物体形状制造各类器具，其中一类圆形凹面器皿便是盘器的雏形。随着制器工艺发展，盘器的形态逐渐由原始转向规整，其功能也愈发实用。"盘"在人们的日常生活中主要充当盛放容器，到了先秦时期，作为水器的"盘"开始逐渐流行。

水器"盘"的主要功能是盥洗，相当于现在的"洗脸盆"，只不过，它并不用于洗脸，而多用于洗手。这类盘器常与另一种水器"匜"成套出现并配合使用。泉头村乙墓中，鄂仲盘便是与鄂仲匜一同出土的。

中国古代有"沃盥之礼"，指的是人们通过盥洗双手祛除污秽、表达礼节的仪式，常出现在祭神拜祖、宴请贵宾等重要时刻，盘和匜便是其中的施礼道具。"奉匜沃盥"描述的便是受礼者双手置于"盘"上，侍者用"匜"舀水为其浇洗的施礼过程。这样的仪式，不仅表达了礼节，也在一定程度上维持了个人卫生，带有"祛除邪秽、寄寓美好"的寓意。"沃盥之礼"流行于商代至战国时期，战国以后逐渐式微，盘的水器功能亦被盆等所取代。

这尊青铜盘器造型为圈足盘，圈足部分几乎与盘身同高，盘身浅阔，底部平直，口沿外折并附有双耳，耳呈竖直状，对称贴布于盘身两侧；器身通体布有纹饰，腹部饰窃曲纹，圈足部饰垂鳞纹，耳部饰重环纹；盘内底部铸有铭文20字"鄂仲滕（yìng）仲女子宝盘，其万年无疆，子子孙孙永宝用"。

"滕"为古代的陪嫁之礼，"仲女子"为次女之意，因此，此器很可能是原主人为家中次女陪嫁所铸。考古学家们据其文字将其命名为"窃曲纹鄂仲青铜盘"。那么此处的"鄂仲"二字又指代何意？它与原主人的身份有关吗？

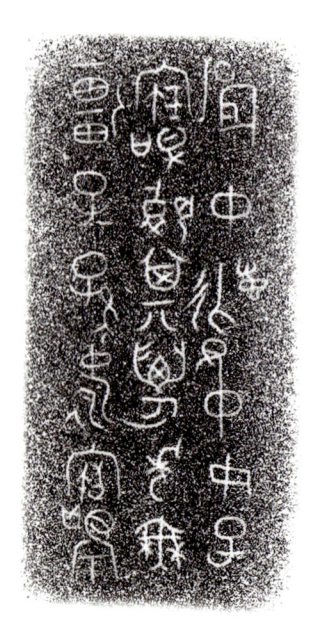

内底铭文拓片

104　齐鲁瑰宝

过去，不少学者认为"鄩"指潍坊境内夏商时期的姒姓古国"斟鄩"，而泉头村乙墓主人很可能为齐侯子行的夫人——孟姬。鄩国媵器出现在齐墓中，大抵是因为"诸侯娶一国，则二国往媵之"的婚嫁制度，这种制度规定，一国诸侯娶另一国女子为妻时，女方需带两名同姓诸侯国女子作为陪嫁。齐侯子行不是诸侯，故陪嫁只鄩国一国即可。由此看来，鄩仲之器便是齐国公子娶妻时，鄩以其次女来媵时所铸媵器。

也有学者认为，"鄩"应读作"谭"，是文献记载的周代谭国。谭国于齐桓公二年（前684年）被齐所灭，后转赐给鲍叔作为封邑。从古文字、历史、地理等角度分析，谭国此说或许比前论更为合理。

临朐县博物馆

垂幛纹铜方彝
——幕垂无重数

〔四十〕

文物登记卡	
名　　称	垂幛纹铜方彝
所属年代	西周
文物类别	铜器
文物尺寸	通高45.3cm　口径长18.7cm　口径宽15.7cm 圈足长21.7cm　圈足宽19.5cm
出土地点	山东淄博沂源县南麻镇西鱼台遗址
收藏地点	沂源博物馆

已录入

106　齐鲁瑰宝

中国古代酒器中，比较为人们所熟知的有"尊、壶、爵、角、杯"等，而有些酒器则早已不再使用，甚至连名称都难叫出，比如"觚、觚、觯、卣、罍、瓿（bù）、卮（zhī）、缶、钫（fāng）、斝、盉"等。眼前这件，便是已难得见到且鲜有人知的酒器"彝"。

"彝"在甲骨文中属会意字。其字形上为鸡形，下为双手，表示双手捧鸡而敬献。由此可见，彝最初可能是指古代的一类祭祀之器。

这尊方彝形状独特，纹饰丰富，具有较高的辨识度。其器身为子口，口部微收，方唇；腹部偏方，中下部略外鼓，肩部两侧各置一半环形耳，平底；长方形圈足，微外撇。器身四角均有两矮扉棱。颈部四面各有变体夔龙纹一对。腹部四壁中心均饰半月形垂幛纹，其间填以弧状凸棱纹，两侧饰叶脉状几何纹，圈足四面饰"之"字形几何纹。盖为母口，盝（lù）顶，顶上为圆形捉钮。盖四角各有一矮扉棱，盖的四面及顶部均饰有半月形垂幛纹。

垂幛纹是此彝上的主要纹饰式样，为连续的下垂波线组成的如同垂帷幛的图样，新石器时代晚期的彩陶双耳壶、罐等器物上便已出现此纹，后来，它也被应用于青铜器物。

垂幛纹（又名鱼鳞纹、垂鳞纹）

方彝的四角处，还可看见青铜块体间互相拼合的范线，口沿部和足部则仍有浇铸口、排气口。通过这些痕迹，可以想象这件厚重的青铜器是如

夏商周时期 齐鲁之邦 107

何浇铸而成，这些细节，为研究器具制造工艺提供了详细的线索。

关于"彝"的其他线索，还可以从古籍中寻得一二。《周礼·春官·序官》中记有"司尊彝"，东汉的郑玄为其留注"彝，亦尊也"，说明彝在当时是同尊相近的酒器。清代龚自珍《说宗彝》中也提到"彝者，百器之总名也"，说明彝在古代器具中有较高的地位。

据目前可见的考古发掘资料，西周晚期的铜方彝现仅存三件，这件便是其中之一。它不仅具有独特的艺术魅力，更包含珍贵的文物价值，为了解齐鲁地区西周时期的社会文化及青铜铸造工艺提供了重要实物例证。

"彝"的甲骨文

沂源博物馆

铜书刻工具

—— 何以书简牍

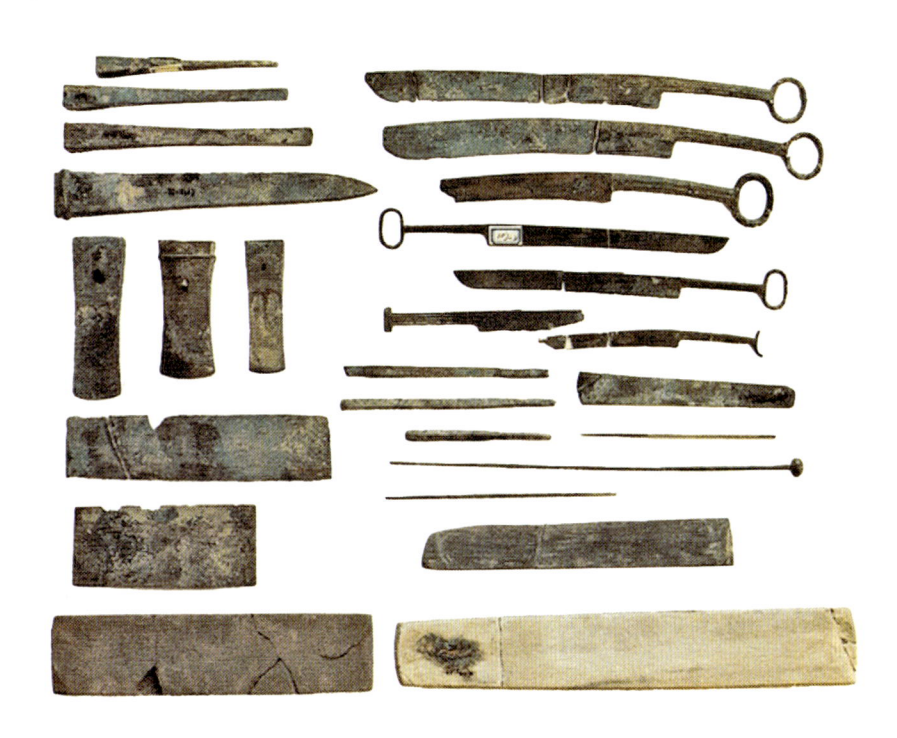

四十二

文物登记卡

名　　称	铜书刻工具
所属年代	春秋
文物类别	铜器
出土地点	山东枣庄滕州市薛国故城
收藏地点	济宁市博物馆

已录入

夏商周时期 齐鲁之邦

历史上人们发明了各式各样的纸、笔、尺、墨，用以辅助人们进行记录。随着科技发展，现代社会的"文具"有了更为广泛的内涵，如果将其定义框定在"文字记录工具"，那么包括手机在内的各式电子产品，都可算作现代的"文具"。对现代人而言，文具是极为常见且易获得的一类工具，记录，在今天看来是如此轻松简易，而在两千多年前的春秋时期，人们又是通过何种手段满足记录需求的呢？

1978年，山东薛国故城2号墓出土了一套春秋时期的铜制书刻工具，这是目前全国唯一一套保存较为完整的书刻工具，它的出土为当代研究刻书史提供了宝贵的实物资料。

这套书刻工具包含27件器物，其中刀、针、钻共8件，锯2件，削7件，锛、斧各3件，凿4件，另有磨石3件。如此数量的器具种类，其实都是用于制作一类物品——简牍。

简牍是对我国古代遗存下来的写有文字的竹简与木牍的统称。纸尚未发明的年代，简牍是最为常用的一类文字载体。春秋战国时期，诸子立学，百家争鸣，齐鲁大地成为各家学说交锋争胜的主"战场"，这一过程的推进，离不开文字的记录与传播。简牍作为常用载体，其发挥的作用，自然不言而明。

当然，在当时的工艺条件下，要制作一件简牍并非易事，其手续非常烦琐，包括裁、切、杀青、书写、钻孔、编等多个环节。由于所有制作过程都依赖手工，一套宜用工具的诞生便大大提高了制作效率。这套铜书刻工具的每一件都对应了简牍制作书刻的一个步骤——破竹、制片、刮削、修整、组装……平平无奇的竹木，经过工具的打磨修整，便成为一卷卷形制规整的书简案牍。

如今，当我们凝视这些细致齐全的工具，仿佛可以看见书写工匠们破竹修简再伏案刻书的专注身影。无数宝贵文化的火种，借着厚重的案牍绵延至今。

薛国故城位于今天山东枣庄滕州张汪镇与官桥镇一带，保存较完好。滕州东部为丘陵，西部为平原，薛国故城就位于平原地带的东南边缘，这里地势开阔，有大片肥沃的土地，可以推测，此处有过相对发达的经济环境，对文化的发展需求也应该较高，而在此处发现如此完整的文字载刻工具，也从侧面印证了对故城的这一推测。

● **小知识：薛国故城**

薛国故城位于枣庄滕州官桥镇和张汪镇境内，故城有大小城门8处，城内有各类作坊10余处，居住遗址9处，是我国保存最完好的东周古城遗址。

据《滕县志·古迹考》记载，薛国是奚仲的封国，也是唯一一个经历了夏、商、周三朝的诸侯国，存世千余年。公元前418年，薛国被齐国占领，后被齐威王封作其子田婴的领地。田婴去世后，其子孟尝君接任，大力增筑薛城，薛城一时风头无两。

1964年，在薛城附近北辛村曾经发现了一种距今7000多年的新石器文化，这就是山东南部地区的"北辛文化"，由此证明，在薛国始祖于滕州建都之前，原始人类就已在这里繁衍生息了3000多年。

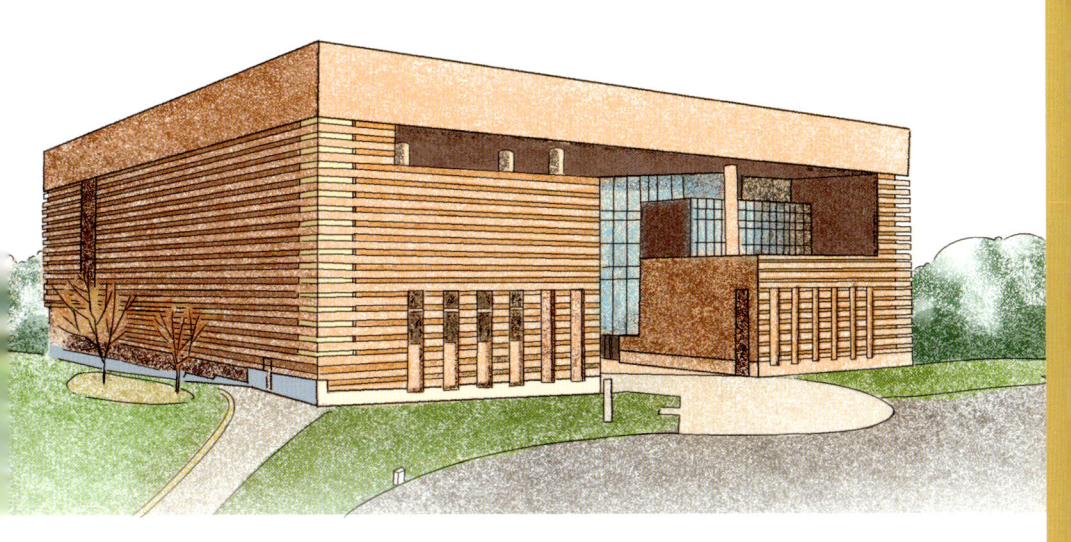

济宁市博物馆

夏商周时期 齐鲁之邦

夔龙纹铜壶

——龙纹渐不同

〔四十二〕

文物登记卡

名　　称	夔龙纹铜壶
所属年代	春秋
文物类别	铜器
文物尺寸	通高63.5cm　口长20.2cm　口宽15.5cm 底长29.5cm　底宽22.3cm
出土地点	山东济南长清区仙人台遗址
收藏地点	山东大学博物馆

已录入

仙人台遗址位于山东济南长清区，坐落在五峰山的南麓、南大沙河上游的北岸，是一处典型的河旁高台遗址。1995年3月至5月，山东大学考古专业对遗址进行了发掘，共发掘近700平方米。其中，最大的收获是一处保存较为完好的现存有6座墓葬的周代墓地。

该周代墓地的墓葬形式为单人长方形土坑竖穴式，墓主人的腰部下面都挖有一个腰坑，坑内殉犬。墓内为独木棺，且内铺散朱砂。随葬品丰富，共出土青铜器、玉石器、骨角器、陶器等各类文物300余件（组）。根据随葬品的时代特征和铭文，专家们推断这是一处自西周晚期至春秋时期的邿（shī）国贵族墓地，并且6号墓为邿国国君之墓，这件礼器铜壶，便是该墓的出土文物之一。

此铜壶共有两件，大小、形制相同，其通体扁方，口微微敞开，长颈稍内束，鼓腹下垂，方圈足。盖为子母口，顶为圈形钮。盖顶内侧和颈部内侧各有一铭文。盖周边及器表满饰垂鳞纹、盖顶有两条盘绕的浅浮雕龙纹。颈部饰带纹，颈部两侧有凤鸟衔环耳。腹部饰蟠龙纹，四面各有一浮雕龙头。

壶身铭文拓片

龙与凤是中国古人将自然界中多种动物特征进行融合而创造出的两种神物形象，代表着先民对自然力量的崇拜、神化与升华。直至今日，龙凤作为祥瑞之兆依旧受到中国人民的广泛喜爱。从古至今，不同年代的龙凤形象，其实皆根据当时的审美标准产生过一定的变化，这一点，从各代器物的纹饰变化上可以得见一二。

　　以龙纹为例。商代晚期、西周的龙纹多左右对称并向两侧延伸，其外形以直线为主，弧线为辅，与青铜器饰面的结构线相适应，纹样风格威严、古拙，又隐隐透出神秘之色。到了春秋时期，审美出现分化，产生了更加写实、风格上更为清新活泼的龙纹，是当时更具现实性的审美的体现。这种审美上的变化也映射出一个朝代神权政治统治风格的嬗变。

　　随着社会经济的发展，青铜器铸造和装饰技术有了显著的进步，冶金技术的提升使得工匠能够铸造出更为细腻、清新的纹饰。这件出土于仙人台遗址的礼器上的蟠龙纹锐角较少，形象更加圆润，便是得益于更为精细化的制器流程和铸造工艺。

仙人台遗址

"釿父"铜瓶
——小国亦有交

四十三

文物登记卡

名　　称	"釿（qiān）父"铜瓶
所属年代	春秋
文物类别	铜器
文物尺寸	通高26.4cm　口径14.2cm　腹径20.4cm　底径14.3cm
出土地点	山东枣庄山亭区东江村小邾国贵族墓地
收藏地点	枣庄市博物馆

已录入

夏商周时期　齐鲁之邦

这件铜瓶是一件酒器，由盖与器两部分组合而成，形态上呈竖立鸟卵形。盖部为圆锥形，盖顶饰有一圆柄形立钮，可作抓手，口沿作子口状，器平沿，鼓腹，圜底。盖沿两侧与器沿两侧对应处有横置的一对半环贯耳，可穿系。器身及器盖表面铸有铭文："霝（灵）父君金父作其金瓶，眉寿无疆，子子孙孙永宝用之。"

此瓶出土于东江村小郳国贵族墓。小郳国，又称郳（ní）国或倪国，是西周晚期至战国时期地处齐、鲁、宋、楚等大国之间的一个诸侯国，共袭传14代国君，公元前369年至前340年间为楚国所灭。由于战争等原因，小郳国并未留下太多可考史料，关于它的记载只零星存在于《春秋》《左传》《公羊传》等古籍之中。该国势力衰微，常在大国间辗转求生，未留有丰富史料，亦属寻常。对于这样一方易没于史书的诸侯小国而言，如今能发现其如此独特的遗存器物，实属难能可贵。

瓶身铭文拓片

有学者据史料对瓶身所铸铭文作出解释，认为"霝父"为该国帝王的宗族之名，"金父"则是该国国君之字。相传，"霝父"原是上古华夏一部族首领，其族名为"太昊"，因崇拜雷电而居于高处，故后人将其住所称作"霝父丘"，此后，"霝父"成为地名，可代指国族。

由此推断，这件铜瓶很有可能由霝父国君所制，而它出现在小郳国墓葬之中，说明两国之间可能存有某种交往关系。我们或许可以想象，在齐、晋、宋、鲁这类强国大邑的权衡分治之间，类似小郳、霝父这样的小微国家也形成了自己的"朋友圈"，它们结交联合，在侍奉强国的同时，也努力维系着自己的"外交"。

小邾国遗史我们尚可从古籍中捡拾一二，但儿父一国却几乎没有留下任何史料记载。金父瓶器身所铭"眉寿无疆，子子孙孙永宝用之"终究只沦为一句空愿，然而，这件承载愿景的器物却得以流传至今，为今人复诵出古代君王珍贵的祈望。这也许只是时光长河中最细小的一片涟漪，却是数千年前的弱小故国所能奏响的最宏大的回响。

此外，这件铜瓶形似鸟卵，也许是呼应了古时海岱地区东夷族人对鸟类的图腾崇拜。历史上，这一带的古代居民又被称为鸟夷，《大戴礼记·五帝德》有"东方鸟夷民"的记载，大汶口文化、龙山文化等遗址中都发现了以鸟为题材的文物标本，鸟的形象在陶器、骨器、玉器、青铜器和金银器中的出现频率极高。

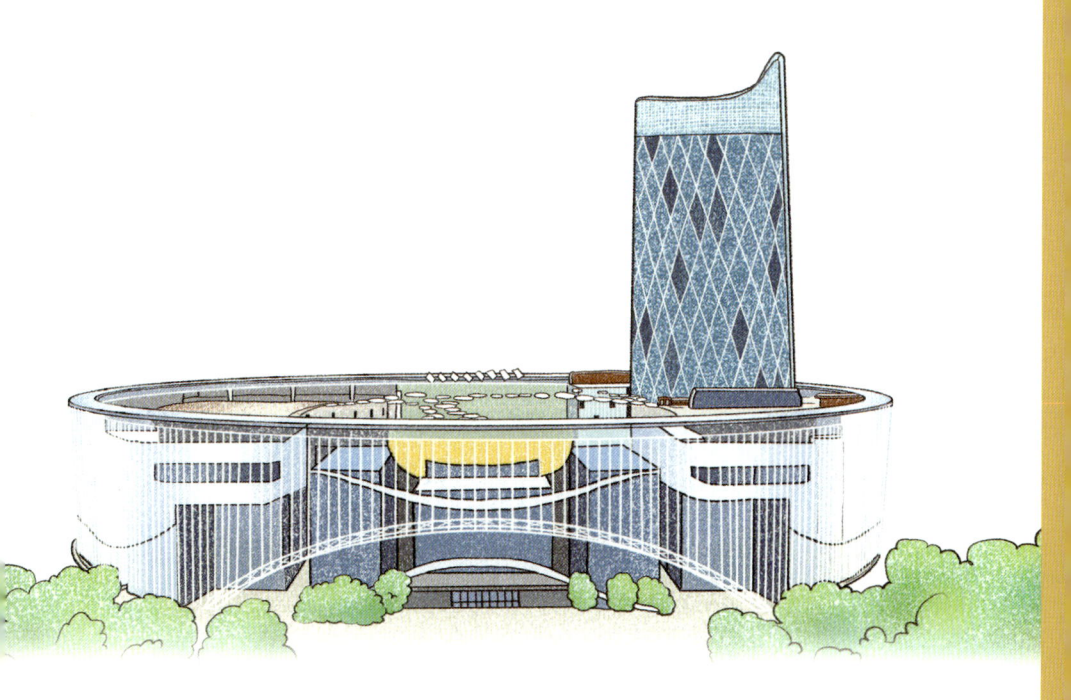

枣庄市博物馆

凤头铜斤
——歌功舞大斤

〔四十四〕

文物登记卡	
名　　称	凤头铜斤
所属年代	春秋
文物类别	铜器
文物尺寸	刃至尾部长20.76cm　冠顶至銎底高11.6cm　通宽2.9cm
出土地点	山东临沂凤凰岭春秋晚期墓葬
收藏地点	山东省文物考古研究院

已录入

1982年5月，中铁十四局在修筑兖（州）石（臼）铁路沂河东段路基时，在凤凰岭取土过程中发现了墓葬，当地文物管理部门当即组织人员进行发掘清理。同年，中国社科院考古研究所山东工作队加入考察。经过一番抢救性发掘，遗址中共清理出战国至汉代墓葬88座，其中包括一座东周大墓。

　　这座东周大墓由车马坑、器物坑和墓室三部分组成，墓室内有14具无棺的骨架，系奴隶殉葬。主墓北25米处有一个器物坑，出土了大量随葬品。此墓虽然早年遭受了盗掘，但考古人员仍从中清理出青铜礼器、兵器、骨器、玉石器等300余件。根据墓葬结构和出土物特征，专家判断该墓墓主应属东夷族。

　　这件凤头铜斤便是墓葬遗物中较具特色的一件。其中部形若凤首，上有龙形冠，后有夔形身尾。斧形刃，刃部圆钝，椭圆形銎，内有残木柄。其工艺精美，款式独特，造型似"手枪"。

　　"斤"原是春秋时期的一种兵器，后演化为权力的象征，有专家认为，这件器物并非实用武器，而是墓主生前所用的一柄权杖或仪仗。也有专家考证后称，此器为贵族阶级表演"大武舞"时所用器具，"大武舞"是一种歌颂周武王伐纣伟业的舞蹈，始于西周早期，东周时逐渐普及到卿大夫阶层。无论是哪种看法，都证明了墓主人不凡的身份地位。

　　结合对墓中其他遗物的探查研究，考古学家们推测，此处墓主应为春秋晚期鄅（yǔ）国国君。今天，临沂市兰山区的南坊镇上仍有一村落，名"鄅古城村"，村东的一处公路旁，可见刻有"鄅国古城遗址"字样的石碑，不过令人遗憾的是，这处墓葬人为毁坏的现象较为严重，墓中青铜器多有被挫磨、砍砸、敲打的痕迹。

　　这件文物为研究临沂一带春秋晚期的历史提供了实物证据，是研究春秋晚期鲁东南一带先民的物质文化和造型艺术极为珍贵的物质资料，同时也证明春秋时代临沂地区已有相当发达的礼乐制度，并非愚昧无知的草莽之地。

- **小知识：郓国**

　　郓国是西周时期分封于今山东省临沂市城北郓古城村一带的子爵诸侯国，其历史可追溯至夏朝。周武王将妘（yún）姓（相传为颛顼帝之孙祝融的后裔）贵族封于此地，成为中原东部一个虽小却承载历史记忆的邦国。郓国是一个小国，根据考古发现，郓国古城总面积约20万平方米，还不到故宫占地面积的三分之一。这种"微型国家"的生存状态极为脆弱，春秋末期，在强邻的扩张浪潮中，最终被鲁国吞灭。

瓦纹鑃
—— 龙凤舞琼筵

〔四十五〕

文物登记卡

名　　称	瓦纹鑃（líng）
所属年代	春秋
文物类别	铜器
文物尺寸	通高52cm　口径25cm
出土地点	山东临沂沂水县
收藏地点	山东博物馆

已录入

夏商周时期　齐鲁之邦

罍是一种大中型的青铜盛酒器，由罍演变而来，流行于西周晚期至春秋早期，后来被尊、缶替代，山东博物馆藏的这件瓦纹罍是最有名的一件。

　　瓦纹是青铜器纹饰之一，由平行的凹槽组成，形式如一排排仰瓦，故名"瓦纹"。瓦纹盛行的时间正好是罍流行的时间。这件罍通体瓦纹，造型粗犷，1925年出土于沂水县。当年一共出土了两件，另一件收藏在中国国家博物馆。

　　这件瓦纹罍钮盖设计成覆碗状，顶部中央装饰有精致的鸟形钮，该鸟短尾敛翅，挺颈静观。器口为侈口式样，颈部收束，肩部宽阔并呈转折状，腹部逐渐内收形成平稳的小底。肩部两侧巧妙融入龙首衔环耳作为装饰，龙首造型生动，双眼圆睁且外凸，鼻部上翘，双耳卷曲自然，正中雕琢有独角，展现出古朴而威严的韵味。

　　据文献记载，沂水地区在春秋时期为莒国辖区，莒国作为东夷古国，本就有"尚鸟"的习俗，龙的形象更是成为中华儿女共同的精神图腾。随着氏族部落的发展与交融，各部落方国在松散的封建制下组成了相对统一的奴隶制国家，由此，各具特色的地方文化也逐步走向交融，在这样的背景下，东夷与华夏两大文化体系也完成了自己的"相遇"，这只青铜罍，正是这一伟大相遇的见证者。钮盖化身为凤，双耳则塑以龙首，两者相辅相成，和谐共生，展现了"龙凤呈祥"这一中华文化中最具吉祥寓意的图腾。它不仅是艺术与工艺的结晶，更是中华文明包容性的生动诠释。

　　这件龙凤结合的青铜罍是中华文明和谐包容本质的外显，也是中华文明在多元中寻求统一、在差异中创造和谐的实践。这一文化基因超越了地域的界限、乡土的羁绊、血缘的隔阂乃至宗教的差异，将广袤的中华大地上形形色色的族群紧密相连，共同编织成多元一体的中华民族大家庭。这种超越性的认同与整合，也是中华文明历经数千年风雨而依然屹立不倒、繁荣昌盛的根源所在。

铜铺
——豆盘似竹编

〔四十六〕

文物登记卡	
名　　称	铜铺
所属年代	春秋
文物类别	铜器
文物尺寸	通高32.9cm　口径23.9cm　底径18.5cm
出土地点	山东临沂沂水县纪王崮春秋墓
收藏地点	沂水博物馆

已录入

青铜铺是西周晚期礼器中新出现的盛食器，其流行的时间较短，主要出现在西周晚期，至春秋早期逐渐消失。青铜铺的功能和外形均与豆相似，不过铺的盘边狭而盘底平，圈足甚粗而矮。由于盘浅，通常用来盛放干果、肉干或精制的饭食等食品。此外，铜铺的柄部和圈足部分也常作镂空样式，似竹编器，被认为是仿竹编豆而成。而且，青铜铺往往装饰有精美的纹饰，比如蟠螭纹、重环纹等，体现了古代中国人对饮食文化的重视和追求，同时反映了当时社会的礼仪制度和审美观念。

这件春秋时期的青铜铺就是一件豆形铺，底部为一浅浅的圆盘状基座，上部则覆盖着一个形似覆钵的盖子。盖子的顶端设有一个别致的八瓣莲花形状抓手，便于提拿。在盖子的表面，对称地分布着四个镂空雕刻的扉棱。此外，无论是连接盖与身的圆柄，还是支撑整体的圈足部分，都同样采用了精美的镂空装饰工艺，且均饰以传统的蟠螭纹样，似古人的炫技之作。

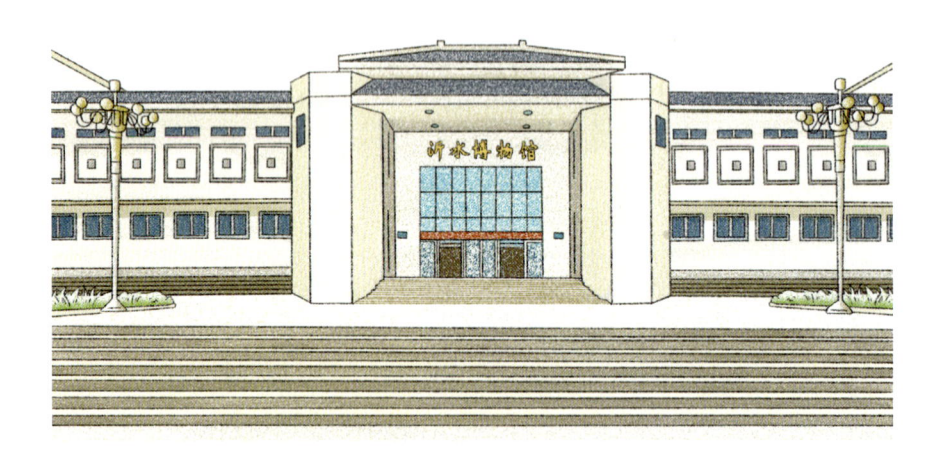

沂水博物馆

● 小知识：纪王崮春秋墓

纪王崮春秋墓位于山东省沂水县城西北泉庄镇，属春秋中晚期的大型墓葬群。据《沂水县志》记载："纪王崮，巅平阔，可容万人，相传纪侯去国居此"，"纪王崮，相传为纪子大夫其国居此，故名"。

"崮"是沂蒙山区一种特有的地质形态——山顶平展开阔、周围峭壁如削、向下坡度由陡至缓。纪王崮因崮顶面积广大，在沂蒙山七十二崮中，只有纪王崮顶部有人居住，故有"七十二崮第一崮"之称。

纪王崮墓葬是山东商周考古中最重要的发现之一，尤其是墓室与车马坑凿于同一岩坑之中。车马坑发现八匹马四辆车，还有青铜礼器、兵器、乐器等重要文物，它的规模、形制无疑是高等级的。与以往相比，这是一种全新且罕见的埋葬类型。在如此高的崮顶建造、国君等级的墓穴实属罕见，再加有古代城墙的遗址，这些迹象引起了专家们的热议。有专家推测，纪王崮春秋古墓所在地有可能是中国最早的城堡国家，这对研究该地区历史和春秋时期的政治、经济、文化以及工艺技术、墓葬制度等具有重要价值。2019年，纪王崮墓群入选第八批全国重点文物保护单位名单。

纪王崮

四十七 玉戈
——戈连商与周

文物登记卡	
名　　称	玉戈
所属年代	春秋
文物类别	玉器
文物尺寸	通长15.3cm　通宽4.6cm
出土地点	山东临沂沂水县纪王崮春秋墓
收藏地点	沂水博物馆

已录入

　　沂水县纪王崮春秋墓是山东东周考古最重要的发现之一，是一处极为特殊的古墓。从勘测结果来看，这座墓葬受破坏情况比较严重，但好在主墓室保存尚好，依然能为我们提供一部分珍贵的考古学研究新资料。这件玉戈便来自纪王崮春秋墓。

　　戈，是中国古代一类常见兵器，其种类繁多，一般为平头，横刃前锋，垂直装柄。关于戈的起源，一般认为其由镰刀演变而来，到商代基本普及,至战国已为军中必备兵器。"化干戈为玉帛",便是以戈为意向,喻指冲突双方放下兵戎,重修友好,体现出对和平的美好愿望及朴素的反战思想。此器在形制上将金戈之形寓于玉石之体,观其姿态,虽仍有金戈的孔武之状,但因为玉润石圆,少了些杀伐之意,反而增添了几分温润之感。

此件玉戈本由牙白色玉石雕琢而成,但因常年埋于墓穴,逐渐生出了红褐色、黑色、白色及绿色沁斑。器身打磨、抛光精细,呈现出绸缎般的光泽。其形态轻盈扁平,前锋聚作三角形,中线有脊;其援两面均雕有双线龙首纹,后有两个长方形穿孔;援内(nà)相接处雕有双线兽面纹,线条简洁流畅,美观大方;其内,或称后端柄部较直且长,顶端镂雕,形作螭龙,龙首低俯,龙颈微蜷,龙腹下鼓,龙尾上卷,旁侧有一小螭蜷居一隅,重叠交错,好不丰富。

玉戈纹饰拓印图

玉戈纹饰细节部以双阴线勾勒,具有典型的春秋晚期的工艺特征,而此玉戈的形制却接近商代玉戈。考古学家判断,这是一件改制作品,其原器为前援残缺的商代大玉戈,春秋晚期的工匠对其进行了整补,修出了新的前锋和边刃,并雕刻新纹,才呈现出如今的模样。

修整后的玉戈纹饰精美、器型考究,代表了春秋晚期工艺制作的较高水平,而其创作和改制的历程前后跨度足有五百年之久,见证了殷商、春秋两代工匠跨越时空的继承与合作。从考古学上来说,这件玉戈的存在对我们研究了解山东地区殷商、春秋时期的玉器制作及墓葬制度亦有重大意义。

夏商周时期 齐鲁之邦

铜餐具
——收纳"天花板"

〔四十八〕

文物登记卡

名　　称	铜餐具
所属年代	战国
文物类别	铜器
文物尺寸	铜罐通高24.8cm
出土地点	山东淄博临淄区张家庄战国墓
收藏地点	山东省文物考古研究院

已录入

夏商周时期　齐鲁之邦

中国饮食文化的深邃与悠久，举世瞩目，不仅仅体现在煎炒烹炸的技艺与酸甜苦辣的味觉上，还体现在对食器之美、食礼之韵的极致追求上。

1991年，在山东临淄张家庄村的一座战国墓葬的考古发掘中出土了一套战国时期"规模宏大"的餐具——整套铜餐具由10个耳杯、10个小碟、10个盒、4个深腹盒、25个盘共59件套内餐具和1个罍形餐具外壳共60件铜器组成。这是迄今全国出土的唯一一套完整的战国时期的餐具。虽然墓葬椁室被盗，但位于墓室内的陪葬坑幸免于难，使得这批珍贵的青铜礼器和生活用具得以重见天日。

这套铜餐具制作非常精细，器壁薄如蛋壳，历经千年仍然保存完好，许多细节依然清晰，有的还没有生锈，保存了青铜本来的金黄色；餐具出土时均紧实地套在一个由三部分组成、用子母口相套的铜罐里，每件餐具的尺寸都经过严密计算，件件相套、环环相扣，既便于收纳又方便携带，这种设计在战国时期极为罕见，即便在今天也令人称奇。

战国时期，齐国凭借丰富的鱼盐资源，经济空前发达，成为东方最繁华的诸侯国，人口密集，商业繁荣，贵族生活奢侈无度。通过墓葬出土信息判断，这套铜餐具的主人身份为士大夫阶层。尽管餐具主人非王室成员，但能够陪葬如此豪华的餐具，也侧面反映了齐国经济的发达，映射出当时齐地百姓生活的富足与安逸。

这套铜餐具的设计，将艺术美感与实用功能完美融合，体现了古代工匠对材质、形态与功能的极致追求。它的发现，对于研究战国时期齐国的手工业、制造业水平以及临淄地区的生活习俗，具有不可估量的价值，也为我们研究战国时期的青铜器和饮食文化提供了宝贵的实物资料。透过这套铜餐具，我们仿佛穿越时空，窥视到了古代齐国人社会生活的一隅，感受到了当年贵族们身着深衣、觥筹交错的场景，以及中华民族对生活智慧与礼仪之道的深刻传承。

莲瓣纹兽形柄铜豆
——齐楚千秋礼

〔四十九〕

文物登记卡

名　　称	莲瓣纹兽形柄铜豆
所属年代	战国
文物类别	铜器
文物尺寸	通高21.5cm　通长19cm　通宽16cm
出土地点	山东淄博临淄区稷下街道辛店战国墓
收藏地点	齐文化博物院

已录入

夏商周时期　齐鲁之邦　　131

"豆"作为古代器物指的是一种形似高脚盘的盛食器具，主要用于盛放腌菜、肉酱等调味品。豆器的材质因时代变迁、工艺发展而改变，经历了陶、漆木、青铜等不同阶段，其中青铜豆比较具有代表性，其出现于商代晚期，盛行于春秋战国时期，虽用以盛放食物，但也是一种重要礼器，因此，它们常规整地以偶数形式出现，关于这种现象，《礼记》中将其记录为"鼎俎奇而笾豆偶"。

　　这件铜豆，由盘、柄、底座三部分组成。豆盘呈长方形，浅腹平底，盘沿外翻成镂空的莲花状。豆柄由跽坐的兽和双蛇组成。跽坐就是跪坐。此兽形似虎豹，作回首状，立耳瞪眼，鼻子上翘微卷，阔口大张，露齿吐舌，头顶有一只向后弯曲的尖角，身体和尾巴都弯曲成"S"形，颇有现代动画的拟人和夸张的艺术效果。兽爪中握着两条蛇，蛇头朝外背对彼此，蛇身缠绕在一起与豆盘铆合，起承托的作用。底座由五条首尾相缠的蛇组成，蛇身饰有云雷纹鳞片，蛇头高昂，似乎准备吐信，其中有两条被握在兽的后爪中，起连接和固定作用。

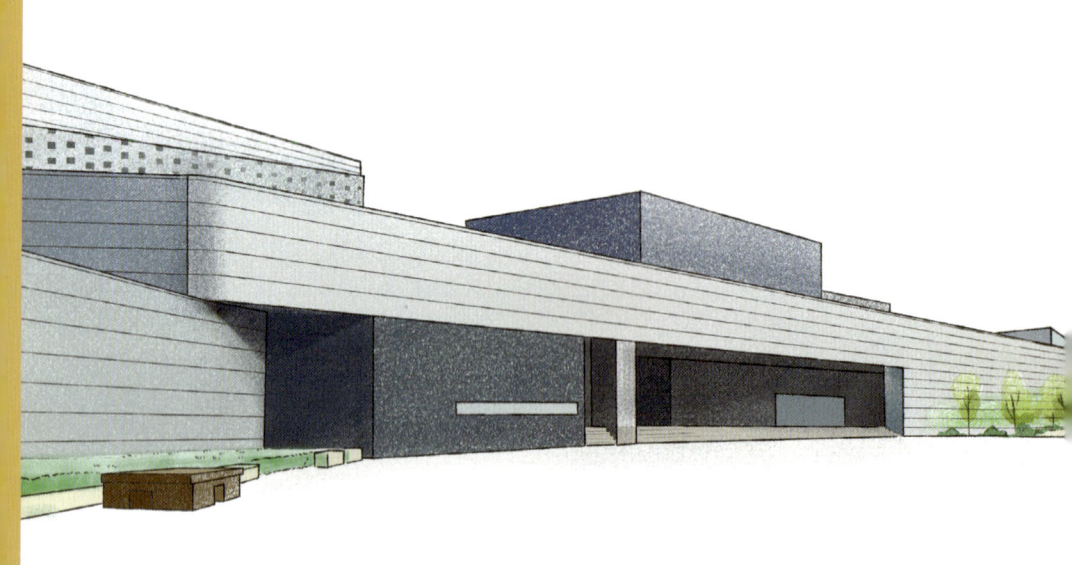

齐文化博物院

工匠在制作这件铜豆时，不仅考虑了艺术美感，还考虑到了力学平衡，盘绕的蛇座增加了底部的受力面积，以强壮的兽为支柱来承接铜盘，增加了器具的核心支撑。

战国时期，齐国青铜豆多为简约风格，此器出土后，其繁复夸张的造型与区域内同类器型风格相去甚远，且此器应用了蛇元素，而蛇在北方并不多见，因此这件铜豆的来源也有多种猜测，经过多方论证，学者们认为它有很大可能是来自楚国。

战国七雄中，楚国雄踞南方，地大物博，喜奢华浪漫，青铜器风格大多纹饰繁复、精美华丽。齐楚之间既有过战争，也有过友好合作，青史留名的楚国诗人兼名臣屈原，就曾先后两次出使齐国，劝说齐王和楚国结盟，共同抵御强大的秦国。这件铜豆，可能就是当年齐楚交流中，楚国使者进献给齐王的礼物，见证着齐楚两地的千古友谊。

这件青铜豆器出土于辛店2号战国墓，此墓出土文物丰富，其中铜器厚重端庄、铸造精良、纹饰精美、造型雅致，反映了齐国青铜铸造技术的较高水平，对研究战国时期山东境内青铜器冶炼及铸造工艺具有重要价值。

五十 鸭形铜尊
—— 孵卵皆如期

文物登记卡

名　　称	鸭形铜尊
所属年代	战国
文物类别	铜器
文物尺寸	通高18.8cm　通长40.6cm　通宽16.6cm
出土地点	山东淄博临淄区相家庄墓地
收藏地点	山东省文物考古研究院

已录入

中国被认为是世界上最早驯化野鸭的国家之一。在古代，人们称野鸭为"凫"或"鹜"。古人云："鸟之孵卵皆如期，不失信……鸡二十日而化，三十日而化，皆如期也。"禽鸟孵化生长的生命周期在古人看来十分规律，其"如期"被人们看作诚信的象征，因此，禽鸟的形象也逐渐成为人们制作器物的造型之一。

春秋时期，随着锻造技术的升级，青铜器的形制多样，不仅器皿身上的纹样更加丰富，器型上也出现了仿生形态等创新设计，这件铜制鸭形尊便是其中的典型代表之一。

此尊出土于淄博市临淄区相家庄墓地。1966年，此处的工地在施工过程中意外挖掘出青铜器残片，施工负责人根据经验判断，此处可能存在古墓，立即联络了当地文物部门。经过勘测挖掘，考古人员发现一处古墓，同时多件珍贵器物的出土，帮助专家们确定了古墓的年代，这是一座战国时期的墓葬。

鸭形尊是这座墓葬中最引人注目的文物之一。它造型奇特，似一只引颈向前的肥鸭，腹部肥硕圆润，背脊上还驮着一只迷你的鸟禽，似在与它一同玩耍，而鸭子的嘴中，叼拾着一柄梳状物，虽形似发梳，但其上有一些特殊的刻痕，专家们争论后认为，这是一条小鱼。

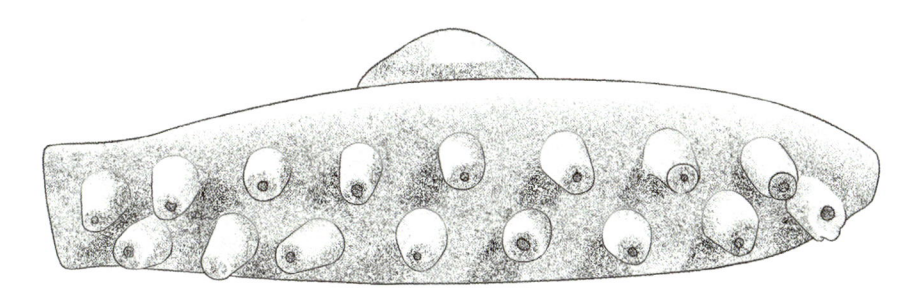

齿梳状器示意图

夏商周时期 齐鲁之邦　　135

既然是鱼，为何身下布有如此多"梳齿"？难道是模仿鱼刺不成？经过进一步观察，专家们才发现，原来这鱼身上的每一根"刺"都是一根细小的青铜管道，它们与鸭脖、鸭腹相通，是器具上的出水口。有出水口，自然也有进水和储水的部位。鸭尊背上的迷你小鸟就是尊器盖子的提钮，使用时将鸟头朝前，盖子就可打开，而鸟头朝向其他方向时，盖子就拧紧。储水处则在鸭子的腹身，其内中空，与鸭脖相连用于输水。鸭尊外表饰有华丽刻纹，勾勒出鸭禽的羽翅走向，既见精美，又显华丽。鸭身之下，还塑有一对鸭足，蹼趾分张，形态逼真，与鸭身姿态一道构成一套生动的动作造型，同时也为整座尊器提供了支脚。

尊，通常是古代的一类酒器，因而此鸭尊大概率是用来盛酒，但也有专家指出，它亦可作为一件水器。鸭嘴中叼着的梳状器，在倾倒时能让液体如瀑布一样流出，放在今天来看，就如同用来浇花的园艺水壶。

此器造型形神兼备，栩栩如生，不仅展现了战国时期艺术性与实用性相结合的高超青铜器铸造工艺，也从侧面证明了当时存在家禽的人工养殖，一定程度上展现了战国时期山东境内居民的朴实、生活风貌的活泼。

鹰首提梁壶

—— 神鹰吐琼浆

五十二

文物登记卡

名　　称	鹰首提梁壶
所属年代	战国
文物类别	铜器
文物尺寸	通高55cm　口径12.5cm　足径15.6cm
出土地点	山东潍坊诸城马庄公社臧家庄战国墓
收藏地点	诸城博物馆

已录入

夏商周时期 齐鲁之邦

壶的形制早在新石器时代便已出现，当时，人们以陶制壶，作为一类常用的生活器具。此后，壶器形制伴随工艺制器水平的发展不断经历变化，并一直传承至今。

青铜壶，自商周时期便是壶器家族中最有代表性的成员之一。从功能上看，它属于青铜礼器中的酒器，主要用于盛酒，也可用来盛水。其制作上自殷商，下至秦汉，随着时代变迁，形制逐渐丰富多样。商周时期的青铜壶，威严厚重，华丽典雅。到春秋战国时期，青铜壶则一改往日风格，变得制作轻巧，纹饰简朴。

从形制上划分，青铜壶可分椭圆腹、圆腹、椭方腹、方腹、扁腹几类。春秋战国时期，流行一种圆腹鼓张、最大径在腹部正中的青铜壶，列国在铸造此类型圆壶时多注重装饰纹样，内容各有千秋，其中齐地的圆壶以造型艺术见长。

这件鹰首提梁铜壶，呈高颈、深鼓腹、圈足。壶壁轻薄，壶身的颈、腹部通饰瓦棱状横纹，简约而不失美感。壶顶被别出心裁地制成一只双目高突、昂视长空的鹰首，以鹰的上喙为壶盖，盖顶为高凸的双目，其上方有一个可供手提的横梁，用铜环与壶盖相连，下喙为壶嘴，当提着横梁倾斜壶身倒酒时，鹰喙便可自动打开，倒完酒后将壶直立，鹰喙又会自动合上。此壶集艺术性与实用性于一体，惟妙惟肖，是战国时期青铜壶中罕见的佳品。

此壶出土于今山东潍坊诸城臧家庄的一座战国时期齐国贵族墓葬。齐国地处东夷族旧地，建国初期对东夷族推行"因其俗，简其礼"政策，因而保留了大量东夷文化风俗。东夷族以鸟为神，他们崇拜这种展翅天际、自由翱翔、不受山海所困、不为猛兽所伤的理想生物，而搏击长空的鹰更是将这一系列特征发扬到了极致，自然成为人们推崇膜拜的对象。这件齐地出土的青铜壶，十分鲜明地体现了东夷族的鸟类崇拜，其鹰首仿若昂视长空，气势逼人，充分体现了东夷人对它的崇拜与敬畏。

此壶不仅是一件珍贵的历史文物，也是一位传播中华文明的友好使者。它曾先后到日本、英国、奥地利等多个国家巡回展出，引得多国观众赞叹不已。20世纪70年代，我国邮政部门将鹰首壶的照片制成明信片，随着书信寄送，遍游神州，横越东西，纵贯南北，也让这件文物就像真正的雄鹰一般，飞向了五湖四海、四面八方，让更多人欣赏到了它的动人风采。

诸城博物馆

夏商周时期 齐鲁之邦

〔五十二〕鹰首铜匜
—— 清涟濯素手

文物登记卡	
名　称	鹰首铜匜
所属年代	战国
文物类别	铜器
文物尺寸	通高10cm　通长18cm　通宽16.6cm　足径5.5~7.6cm
出土地点	山东淄博临淄区商王墓
收藏地点	淄博市博物馆

已录入

匜，是中国古代的一种盥洗用具，主要用于洗手，同时，它也是一种礼器。从其外形来看，匜的整体形态呈椭圆心形，看起来有点像现在的瓢，其一端有把手，一端有出水的槽，为防止放置时倾倒，下端常接铸有底足作支撑用，或直接制成平底便于摆放。

《左传》中有"奉匜沃盥"之语，"沃"意为浇水，"盥"意为洗手、洗脸，"奉匜沃盥"就是用匜来浇水洗手。匜常与盘一起搭配使用，洗手时，一人拿着装水的匜往下浇，一人伸出手接水搓洗，底下放盘来承接废水。对现代人来说，洗手是常见的生活卫生习惯，但在古代，这一行为被赋予了礼仪内涵，它是汉族在祭祀拜祖、宴前饭后的重要礼仪，被称为"沃盥之礼"，自西周开始便已施行。

这件铜匜，整体设计巧妙，造型别致。其敞口深腹，口沿平面呈心形，侧面呈弧形，沿下饰有宽带弦纹。口沿一侧往外延伸，铸成鹰首形状，鹰眼镶嵌黑晶石，眼眶一周嵌银，显得炯炯有神，明亮锐利。鹰嘴弯如钩，口含圆珠。圜底，底部有喇叭形圈足，如同强健的鹰爪，稳稳落于地面。整体造型如一只收束双翅、紧盯猎物、伺机欲起的雄鹰。

战国时期，匜的普遍形态特征为"前有流，后有鋬"，指的是匜的前方设计有流槽，用于倒水，后部设计有鋬，即柄，供使用者手持，方便持握浇盥。而在这件匜器上，我们并未从鹰首处发现流槽，从使用上来说似乎不太方便，而从形制上来说，这似乎也明显区别于同时期的同类器具。

此匜无论从设计还是制作来看，都可称得上精湛，其艺术价值极高，将这样一件珍贵的器具用来洗手似乎有点暴殄天物，也不太方便。再结合它与众不同的形制特点，令人不禁思考它究竟有什么用途。

《中国青铜器综论》中提到："匜除主要用作沃盥器外，亦可用为酒器。"《礼记·内则》也记载："敦牟卮匜，非馂（jùn）莫敢用。"东汉学者郑玄注解："卮、匜，酒浆器。"这些记载都向我们揭露了一个事实，即匜不仅能作水器，也能用于盛酒。

此匜出土时，位于墓室西部，与银盘、银耳杯、铜勺、滑石耳杯等饮食器同置一处，共出土两件，大小形制均相同，可见应为盛酒器。它以傲

夏商周时期 齐鲁之邦

视的鹰姿，为古朴庄重的青铜器注入灵气，折射出战国晚期的生活文化形态，向今人昭示着昔日贵族的辉煌。

淄博市博物馆

铜牺尊
—— 金银绕铜牛

五十三

文物登记卡

名　　称	铜牺尊
所属年代	战国
文物类别	铜器
文物尺寸	通高29.4cm　长43.3cm
出土地点	山东淄博临淄区齐故城南商王村
收藏地点	齐文化博物院

已录入

夏商周时期　齐鲁之邦

在中国传统文化中，牛往往被视作勤劳、坚韧与奉献的象征，这一印象，一方面源自其在农耕文明中作为畜力耕耘田间，另一方面则可探源至中国古代的祭祀文化。

古汉语中，"牺牲"一词用于指代祭祀用的各类牲畜，《说文解字》有言："牺，宗庙之牲也"，"牲，牛完全也"。也就是说，完整的、用于宗庙祭祀的牛，便称为"牲"，而"牺牲"一词最早便是用于指代这些祈福活动中被献祭的牛。

中国古代先民认为，风调雨顺、五谷丰登是缘于祖先和神灵的庇佑，所以古人非常重视祭祀活动，除了祭祀牲畜，还发明了专用的整套礼器，包括食器、玉器、酒器、水器、乐器、兵器、杂器等。

尊，便是酒器的一种，形制多样，据《周礼·春官·司尊彝》记载，尊有六种：牺尊、象尊、著尊、壶尊、太尊、山尊。其中，牺尊多为动物造型，以牛羊形最为常见，背上开盖，腹中盛酒，多见于商周和春秋战国时期。这件牺尊，形为牺，器为尊，可以说是将祭祀中两大重要元素结合到了一起。

这件牺尊，仿牛形，昂首竖耳，四蹄稳直，筋骨坚实，肌肉健硕。头顶及双耳镶嵌绿松石，牛嘴开孔，牛的眼球镶嵌黑晶石，牛身中空，全身饰错银丝菱形图案，纹理间镶嵌绿松石和孔雀石。尊盖置于背部，取海棠叶形，饰扁嘴长颈禽，禽颈反折，巧成半环形盖钮，羽翎以孔雀石铺填，其弯曲的颈项形成盖钮，便于拿起。盛酒时，打开盖子把酒倒进牛腹，饮用时从牛嘴倒出。

此尊精美华丽，光彩夺目，代表了战国时期齐国手工艺水平之最，被誉为"国宝牺尊"。而它最为引人注目的，要数遍布其全身的错金银装饰。如今即便其历经岁月表面已遍覆铜锈，仍见金属光泽，试想当年，它一定是受到主人的喜爱，"出席"过很多次礼制周全、备制完善的盛宴或祭祀活动。

错金银也叫金银错，是我国古代金属细加工装饰技法之一。此工艺是利用金银的美丽色泽和良好的延展性，将其制成细薄的金银片、丝，嵌入器物表面预铸的凹槽中，色泽对比强烈，视效闪耀华贵。错金银工艺始见于商周时期的青铜器，兴于春秋战国至西汉，历经数千年的传承与发展，至今仍闪耀着璀璨的光芒，已被列为我国非物质文化遗产。

五十四 竹节柄铜汲酒器
——气压锁琼浆

汲酒器是中国古代用来汲取酒水的一种器具,最早出现在战国时期,其原理是利用大气压强差来汲取和倾倒液体,其发明是人类历史上一次卓越的创造。

这件汲酒器为青铜材质,竹管状长柄,下接球形器。柄外表为四节竹节形,上、下各饰一周箍状纹,柄端饰龙首衔环,龙首之下第二节处有一长方孔。球形器平底、中空、形如荷蕾,荷蕾底部中央有一圆孔,与龙首处长方孔相互贯通。从造型上看,荷蕾含苞待放,青竹修长挺拔,龙首一飞冲天,既有静态的优雅,又有动态的生气,极富诗意之美。

文物登记卡

名 称	竹节柄铜汲酒器
所属年代	战国
文物类别	铜器
文物尺寸	通长65.2cm 柄外径1.4cm 内径0.8cm 底径3.6cm 球形器腹径7.2cm
出土地点	山东淄博临淄区商王村战国墓
收藏地点	淄博市博物馆

已录入

此器除了造型精美，设计上还蕴含超前的科学思想。使用汲酒器时，握住长柄将荷蕾浸入酒桶中，酒水就会顺着底部圆孔进入器内，而空气则由柄上的方孔排出，达到内外部的气压平衡。从酒桶中提起时，用拇指堵住长柄上的方孔，使空气无法进入，再缓慢向上提起荷蕾，酒水仍会在大气压的作用下停留在器内，不会滴漏。倒酒时，松开堵住方孔的拇指，让空气进入器内，气压恢复平衡，酒水就会在重力作用下缓缓流出。这种原理利用气压差和重力来实现对液体的汲取和控制，有点类似我们如今使用吸管，将它插入液体后堵住其中一头，再提起时便会将其中的液体一并带出，这里起作用的，便是大气压强。

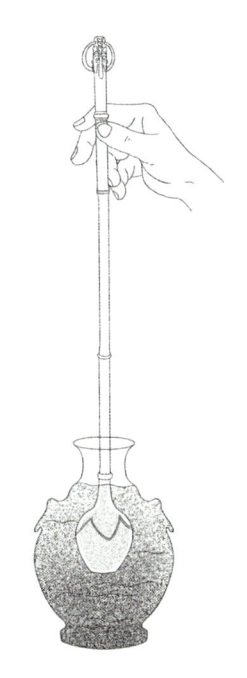

汲酒器使用示意图

关于大气压强，西方有过著名的马德堡半球实验。1654年，德国物理学家、时任马德堡市长奥托·冯·居里克将两个完全密合的铜制半球中的空气抽掉，然后通过驱使马从两侧向外拉。由于内部空气被抽出，外部的大气压力将两个半球紧紧压在一起，气压的作用得以展现。这项实验具有深远的科学意义，是物理学史上的一座重要里程碑。当年使用的半球形金属物体，如今还在德国慕尼黑的德意志博物馆中展出。

这件现今藏于淄博市博物馆的竹节柄铜汲酒器，是中国目前发现的最早利用大气压原理铸造的青铜器，它的出现比马德堡半球实验早了近两千年。精美细致的制工之下，彰显着我国古人在物理学方面的超前智慧。

五十五　镶金银质猿形带钩
——灵猴挂腰间

文物登记卡

名　　称	镶金银质猿形带钩
所属年代	战国
文物类别	金银器
文物尺寸	通长16.6cm　宽7cm
出土地点	山东济宁曲阜市鲁国故城遗址
收藏地点	孔子博物馆

已录入

　　带钩，也被称为"犀比"，是古代贵族及文人武将用于系束腰带的挂钩，作为一类集实用、装饰和身份象征于一体的饰品。中国古人历来有"束带矜庄"之说，将束带看作是一种修身标准乃至人生态度，而带钩是古人束带必不可少的工具，蕴含着厚重的文化内涵，是中国古代服饰中不可或缺的重要组成部分。

148　齐鲁瑰宝

中国最早的腰带据说是以动物筋络或植物藤蔓制成的，至商周时期，人们开始用丝织、皮革制作腰带，随着腰带形制的多样化，如何系束腰带也成为人们需要考虑的装饰细节之一。随着工艺和审美的发展，用于固定和装饰腰带的带钩便应运而生。

带钩起源于西周时期，在战国至秦汉时期十分盛行。其主要应用于皮革腰带，因为革带较硬无法打结，需在带上钻孔，再以带钩连接，从功能上看，相当于现代的皮带扣。

为较好地起到固定作用，带钩通常采用坚硬的金属材质，多为青铜材质，也有用金、银、铁、玉等贵重材料制作。其装饰工艺考究，造型丰富多样，长短宽扁不一，但基本形制相似，从侧面看都呈S形，结构通常分三部分：钩头、钩体、钩钮。钩头位于带钩尖端，钩钮位于带钩背面，使用时把钩钮插入皮带一端的孔中，让弧形的钩身贴合腰间，再把钩头挂在皮带另一端的孔上，就能固定住皮带。根据带钩所使用的材质和工艺精细程度、造型纹饰以及大小等标准，可以判断使用者身份的高低。

这件带钩，一眼望去便可知其取型于猿，更具体点讲，是长臂猿。此猿侧身前视，一臂往前伸展，一臂自然下垂，后肢凌空，双掌弯曲呈钩状，仿佛正在藤蔓上攀缘跳跃，动感十足，俏皮可爱。猿身的主材料为银，通体多处贴金，毛皮的纹路和手套部分鎏金；双目镶嵌蓝色料珠，显得炯炯有神；猿背部有一钉状钮，用于固定腰带。此器构思巧妙，形象生动，活灵活现，做工精美，是难得一见的珍品。

若不细看其钉钮结构，人们大有可能将它当作一件精致的艺术品，而这只小猿作为带钩又该如何使用呢？原来，其猿背处附有钩钮，将它插入腰带一端，再将猿臂钩挂在腰带另一端，即可固定住腰带。两条猿臂一伸一垂、一长一短，都能当挂钩，通过变换猿臂的使用，就能调整腰带收束的松紧。

此钩出土于山东曲阜的周代鲁国都城遗址，该遗址风貌典型，文物众多，具有较高考古学研究价值。而这件精心制作的小型饰具，则使我们得以窥见当时居民的审美情趣和优越的生活风貌，于细微处再现了这座古国都城两千多年前的纷繁景象。

玉璧
—— 苍璧向天礼

五十六

文物登记卡	
名　　称	玉璧
所属年代	战国
文物类别	玉器
文物尺寸	外径32.8cm　孔径11.6cm　厚0.6cm
出土地点	山东曲阜市鲁国故城遗址
收藏地点	山东省文物考古研究院

已录入

玉璧，为我国传统的玉礼器之一，也是玉礼器"六器"之一。六器即玉璧、玉琮、玉圭、玉琥、玉璋、玉璜，是古代祭祀天地四方的礼器。《周礼》中有这样的记述："以玉作六器，以礼天地四方：以苍璧礼天，以黄琮礼地，以青圭礼东方，以赤璋礼南方，以白琥礼西方，以玄璜礼北方。"玉璧因形圆像天，而被视作礼天的器物。同时，玉璧也代表君权。

除了礼天以外，玉璧在古代还有一个重要功能——"殓葬"。

此枚出土于鲁国故城乙组52号东周墓的玉璧便是一件殓葬玉璧。52号墓是一椁两棺的大型墓，椁室周围和棺内，出土玉璧共计18枚，其中1枚在椁室内，棺内墓主身上从头到脚铺放一层玉璧共计9枚，身下垫放一层玉璧共计8枚。此枚最大，也是已知战国玉璧中最大的，出于墓主身下，符合《周礼·春官·典瑞》中所说的"疏璧琮以敛尸"。

此器扁平，圆形，两面纹饰相同，由两道弦纹将纹饰分为外、中、内三区，内区纹饰分成三组，每组饰双尾龙纹，一首双身，两两相交；中区以浅浮雕饰均匀排列的谷纹；外区饰五组合首双身龙纹。玉璧整体纹饰布局紧密匀称，繁缛精美，线条流畅，工艺纯熟，属战国玉璧中的精品。

鲁国故城乙组52号墓是一座战国早期墓葬，墓圹东西长12.5米，南北宽12米，墓口深0.4米，墓底深3.05米。棺椁已腐朽，墓主骨架保存尚好，头向北，仰身直肢，两手放于身体两侧，大腿交叉。随葬器物放置在椁室四周和棺内，有铜盘、铜罐、铜壶、铜铲、铜斧、银带钩、铜带钩、陶罐、瓷罐、漆木器、博具、夔龙玉饰、玉璧等。玉璧上以龙纹作为主要图案，具有深远意义，也反映出了墓主人尊贵的地位。

五十七 玉组佩
—— 玉振伴履行

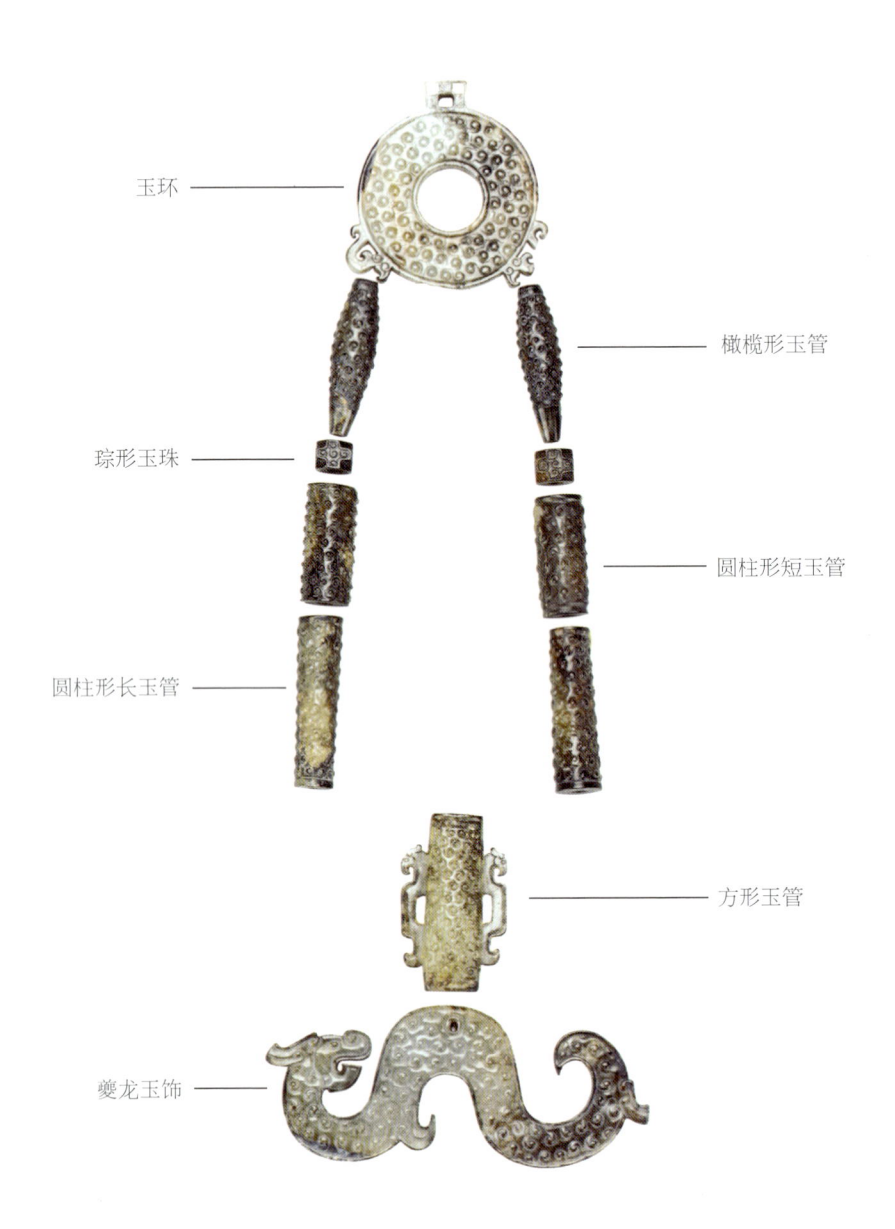

玉环

橄榄形玉管

琮形玉珠

圆柱形短玉管

圆柱形长玉管

方形玉管

夔龙玉饰

文物登记卡

名　　称	玉组佩
所属年代	战国
文物类别	玉器
文物尺寸	玉环：长6.1cm　宽5.9cm　厚0.3cm 橄榄形玉管：长4.3cm　最大直径1.2cm 琮形玉珠：长1.1cm　厚0.9cm 圆柱形短玉管：长3.3cm 圆柱形长玉管：长4.4cm 方形玉管：长4.8cm 夔龙玉饰：长11cm　宽4.4cm　厚0.4cm
出土地点	山东曲阜市鲁国故城遗址
收藏地点	山东省文物考古研究院

已录入

　　周人尚玉，因此产生了一套严格的用玉制度。据《周礼·春官·大宗伯》中记载："以玉作六瑞，以等邦国。"玉器已经成为周代贵族进行祭祀、朝聘、征伐、宴享、婚配、丧葬等活动的重要器物。《礼记·玉藻》说："凡带必有佩玉……君子无故，玉不去身，君子比德于玉焉。"佩玉进一步上升到"比德"的高度，赋玉以德，喻人以玉，提醒君子修身养性、谨言慎行、温文尔雅、明德践礼。

　　组佩，又称"全佩""杂佩""玉佩"，是指成组成套的玉佩饰，由多件玉器串联组成，通常由璜珩、环璧、冲牙、瑀琚（yǔ jū）、管珠等构成，佩戴于胸前、肩部或挂于腰间。

　　这套玉组佩由玉环、玉管、玉珠、玉璜等11件玉饰组成，其中玉环1个、琮形玉珠2个、橄榄形玉管2个、圆柱形玉管4个、方形玉管1个、夔龙玉饰1个。整体为青玉质，普遍有黑色沁，均以谷纹为主要装饰。玉环上有方形穿孔，边缘还装饰有夔龙，略有残缺；琮形玉珠，侧面饰谷

夏商周时期　齐鲁之邦　153

纹；方形玉管，两侧边饰有夔龙；最下面的夔龙玉饰，中部有一穿孔，便于悬挂。

玉组佩最早见于春秋早期，战国达到极盛，这套玉组佩便是出土于战国时期鲁国故城的墓葬之中。《礼记·玉藻》中也有关于玉组佩的记载："天子佩白玉而玄组绶，公侯佩山玄玉而朱组绶。"可见，古代礼制规定了玉的材质和系绳的颜色，不仅如此，玉组佩还有"节步"的作用，"听己佩鸣，使玉声与行步相中适"，身份愈高，用玉越多，佩饰越复杂，长度也越长，所以走路时，佩戴之人的步履需小而慢，与玉的碰撞之声节奏相呼应。

随着时代的发展，到了西汉初年，战国风格的玉组佩还曾流行过一段时间，不过形式越发简化，至西汉中后期玉组佩便基本消失了。虽然后来在南北朝、唐、元等朝代也偶有出土，但是风格和形式已与战国时期的完全不同，在当时社会中也不再具有较大的影响，曾经的从容之"士"消失在历史的舞台上。

玉组佩件

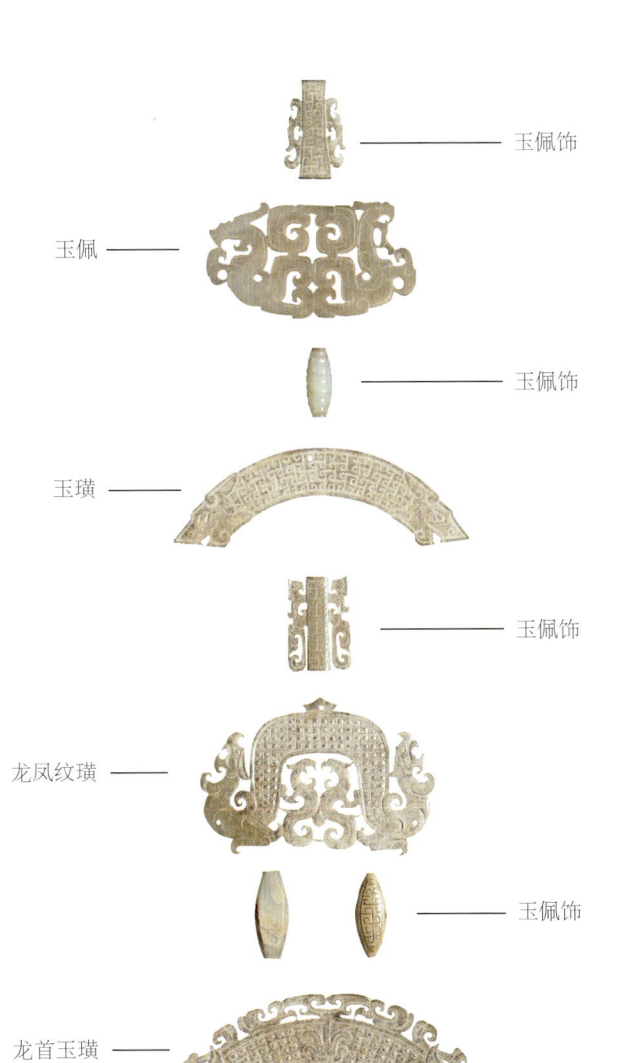

——环佩响叮当

〔五十八〕

玉佩饰

玉佩

玉佩饰

玉璜

玉佩饰

龙凤纹璜

玉佩饰

龙首玉璜

夏商周时期 齐鲁之邦

文物登记卡

名　　称	玉组佩件
所属年代	战国
文物类别	玉器
文物尺寸	玉佩饰：长3.35cm　宽2cm 玉佩：长7.9cm　宽4.3cm　厚0.35cm 玉佩饰：长3.35cm　宽2cm　厚0.7cm 玉璜：长11.1cm　宽1.8cm　厚0.3cm 玉佩饰：长3.5cm　宽2.4cm 龙凤纹璜：长8.8cm　宽5.8cm　厚0.4cm 玉佩饰：长3.1cm　宽1.2cm　厚0.5cm 龙首玉璜：长12.5cm　宽4cm　厚0.3cm
出土地点	山东淄博临淄区商王村战国墓
收藏地点	淄博市博物馆

已录入

　　临淄商王村位于淄博市临淄区，北距齐国故城遗址5.4公里。1992年，临淄水泥厂扩建前，当地文博单位对工程用地进行勘察，抢救性发掘了战国至两汉时期墓葬100余座。其中，1号墓保存情况完好，出土了大量珍贵器物。

　　周人视死如生，不仅生前佩玉，死后玉随主人一起随葬，覆在身体上，用以保护身体。

　　这套玉组佩连同许多其他玉饰一道，被发现于墓主人的腹膝间。据出土情况分析，3件玉璜、1件玉佩、5件玉佩饰应当是穿在一起使用的一套组玉佩。最下面的玉璜两端为透雕龙首，巨目圆珠，尖唇利齿，颈部饰有绞丝纹。龙身饰凸起的勾连云纹，脊背上则透雕卷云纹，云纹中心部分有孔可供穿系。龙身下部透雕两相向回首的虺（huī）纹。在龙身中部饰"出"字形花叶纹，它与上下透雕纹饰连为一体，并成为玉璜左右对称的中线。另外两件玉璜的工艺则相对精简一些，龙身即玉璜的主体饰阴线刻勾连云纹，在玉璜的中部外缘处有一穿孔。两个玉佩一个作龙虎形，一个则以龙凤纹为主体，最后再搭配上玉佩饰。

这套玉组佩作为随葬礼器，造型优美、雕琢精湛，不仅呈现了浪漫主义的艺术造型和风尚，也将镂空、减地、微雕等技艺体现得淋漓尽致，折射出战国晚期手工业制作的繁荣。据考古学家介绍，此次发掘之前，出土的齐国配饰多以水晶、玛瑙、玉髓等为主要制料，与战国时期其他国家相比，少见真正的玉器，而这批玉器的出土，则为齐国填补了这段玉器史上的空白。在地下长埋数千年后，其精美之姿又重见天日，向人们展现了齐鲁文物细腻优雅的一面，也为我国古代玉器研究提供了珍贵实证。

龙首玉璜

龙凤纹璜

玉佩

乐舞陶俑
——礼乐之情同

[五十九]

文物登记卡

名　　称	乐舞陶俑
所属年代	战国
文物类别	陶器
文物尺寸	人物俑高7.6~8.8cm　祥鸟均高8.9cm
出土地点	山东济南章丘女郎山战国墓
收藏地点	山东省文物考古研究院

已录入

这组乐舞陶俑再现了齐国贵族乐舞活动时的盛大场面。陶俑共39件，其中人物俑26件、乐器5种、祥鸟8只，均为泥质灰陶，表面施陶衣彩绘。人物俑造型别致，面施粉红彩，发型、服装均为烧前雕刻，衣服花纹则是烧后彩绘而成。根据人物俑的姿态和造型，可以将人物俑分为歌唱俑、跳舞俑、奏乐俑、观赏俑四类。这组陶俑，色彩艳丽，造型生动，活泼中仍具周代礼乐之风采，正是开放、热情、包容的齐文化的"代言人"，为研究战国时期齐国的文化艺术、乐舞服饰等，提供了极其珍贵的实物资料。

齐国为什么会出土这么一套乐舞陶俑？这便与周朝的礼乐制度大有关联。

自从武王伐纣，周人灭商后，为了维护统治，统治者便制定了严格的礼乐制度，设立了专门的礼乐机构，推崇以礼法维持尊卑有别、长幼有序的社会秩序。周人把"礼"和"乐"放在同等重要的地位，认为"礼""乐"结合密不可分，它们被统治者赋予了深厚的政治内涵。

创作于西汉的《乐记》，总结了先秦时期儒家的音乐美学思想，其中有这样的记载："礼者，殊事合敬者也。乐者，异文合爱者也。礼乐之情同，故明王以相沿也。"大意是礼是要在各种场合下做到恭敬，乐则是形式各异但都能使人相互亲近的艺术形式。礼和乐在表达人情方面是相同的，因此明智的君主都会沿袭它们。因此，那时的乐舞有其特殊的功能和地位。

周代的乐舞并不以娱乐为主要功能，而是附庸于"礼"，包含着强烈的政治意味和教化责任，是管理国家的重要工具。西周时期，为了增强乐舞的政治影响力与教育功能，统治者整理和创新了前代的乐舞。这种作为周代宫廷祭祀礼仪的代表性宫廷乐舞共有6种，统称为"六代乐舞"或"六代之乐"，具体包括：《云门大卷》《咸池》《大韶》《大夏》《大濩（hù）》和《大武》。《周礼·春官·大司乐》记载："乃奏黄钟，歌大吕，舞《云门》，以祀天神；乃奏大簇，歌应钟，舞《咸池》，以祭地示；乃奏姑洗，歌南吕，舞《大韶》，以祀四望；乃奏蕤宾，歌函钟，舞《大夏》，以祭山川；乃奏夷则，歌小吕，舞《大濩》，以享先妣；乃奏无射，歌夹钟，舞《大武》，以享先祖。"

这六大乐舞构成了周代雅乐的核心内容，它们在形式上又可分为"文舞"与"武舞"两大类。《云门》《咸池》《大韶》和《大夏》属于文舞类别，表演时舞者左手持龠（一种形似排箫的乐器），右手执翟（以野鸡尾装饰的道具），展现出文雅与和谐之美。而《大濩》与《大武》则归于武舞，舞者手持朱干（红盾）和玉戚（玉斧），动作刚劲有力，象征着力量与征服。"文以昭德""武以象功"，如国家以揖让得天下，先演文舞，若以征伐得天下，先演武舞。此后每逢改换朝代，即便乐舞形式不相沿袭，但是周代所制定的礼乐精神，却一脉相承。

在了解周代的雅乐之后，自然也就明白齐国作为周代重要的诸侯国，为何会举行盛大的乐舞活动。

齐国故城遗址博物馆

秦汉时期 盛世雄风

泰山刻石

——东巡留秦史

[六十]

文物登记卡

名　　称	泰山刻石
所属年代	秦代
文物类别	石刻
文物尺寸	高118cm　宽53cm
收藏地点	泰安市博物馆

已录入

秦汉时期　盛世雄风

秦汉碑刻是山东文物一大特色，石上刻字一般认为始于东周时期，包括刻石和纪事碑、墓碑。作为五岳之首的泰山，是万物交替、日月升华的东方之地，历代帝王常把泰山作为封禅、祭祀天地的场所，也因此留下了大量古迹，其中碑碣和摩崖刻石就达数千处，它们伫立在泰山之巅，是研究古代历史和书法的重要资料。

秦始皇一统天下后，数次出巡各地。群臣为了歌颂其功德、昭示万代，七次刻写碑文，分别为"峄（yì）山刻石""泰山刻石""琅琊刻石""之罘（fú）刻石""东观刻石""碣石刻石""会稽刻石"，统称为"秦七刻石"或"秦七碑"。

"泰山刻石"的内容可分为两部分，前半部分是公元前219年秦始皇东巡泰山时所刻，共144字，在刻辞中，着重宣扬了其统一天下的功绩；后半部分为公元前209年，秦二世东封泰山时的诏书，共79字，记录了丞相李斯随同秦二世出巡时，上书请求在秦始皇的石碑旁刻立诏书的情况。

相传两次刻辞均为丞相李斯所书，行笔平稳，骨肉匀称，含蓄委婉，气魄宏大。恰如唐代张怀瓘（guàn）在《书断》中所说的"画如铁石，字若飞动"，"其势飞腾，其形端俨"，"作楷书之祖，为不易之法"。

"泰山刻石"现存仅秦二世诏书10个残字："斯臣去疾昧死臣请矣臣"，俗称"泰山十字"。十字之下是清道光和清宣统年间的刻文。

刻石原立于岱顶大观峰旁，明中期移至岱顶碧霞祠东庑（wǔ），清乾隆五年（1740年）碧霞祠毁于火灾，泰山刻石残石失踪。清嘉庆二十年（1815年），泰安知县汪汝弼、蒋伯生等人根据岱顶赵志人提供的线索，在碧霞祠玉女池内寻得残石二片，嵌于岱顶东岳庙宝斯亭，清道光十二年（1832年）山洪暴发，宝斯亭倾覆，后由道士刘传业在瓦砾中寻得二石，移至山下，嵌于岱庙雨花道院。清光绪十六年（1890年），刻石被盗，由知县毛蜀云大力稽查追回，重新安置岱庙保存。

秦泰山刻石是泰山最早的刻石之一，被誉为"天下名碑之最"。以泰山刻石为代表的秦刻石，不仅具有较高的书法艺术价值，还是研究帝王封禅历史，尤其是秦始皇统一"书同文"制度的珍贵实物资料。

● **小知识："书同文"**

"书同文"出自《礼记·中庸》："今天下，车同轨，书同文，行同伦。"指的是在文字书写方面的统一政策。"书同文"制度，学术界普遍认为始于秦始皇统一六国后，将各地方使用的不同文字规范为统一的"小篆"的政策，此后，全国范围内实现了文字的标准化。这一举措极大地促进了各地之间的交流和沟通，有助于国家的统一和中央集权的巩固。

秦始皇用了十年的时间，先后灭了韩、赵、魏、楚、燕、齐六国，完成了统一中国的大业，于公元前221年建立起了中国历史上第一个中央集权的统一的多民族王朝——秦朝。秦统一六国后，陆续颁布了多条律法，以稳固国家的统治，其中就有"书同文""车同轨""度同制""行同伦"等。

始皇诏陶量
——五谷有度量

〇六十二

文物登记卡	
名　　称	始皇诏陶量
所属年代	秦代
文物类别	陶器
文物尺寸	高9.2cm　口径20.5cm
出土地点	山东济宁邹城纪王城
收藏地点	山东博物馆

已录入

在秦始皇统一六国之前，中国处于春秋战国时期的分裂状态，各国之间的文字、货币、度量衡等制度各不相同。这种混乱的状态严重阻碍了经济交流和社会发展。特别是度量衡的不统一，使得商品交易困难重重，价格混乱，民众生活受到极大影响。因此，统一度量衡成为实现国家统一和社会发展的迫切需求。

公元前221年，秦始皇完成了对六国的征服，建立了中国历史上第一个统一的中央集权的封建国家。为了巩固统治，加强中央对地方的控制，秦始皇采取了一系列措施，其中就包括统一度量衡。他下令以秦国的度量衡制度为标准，制定统一的度量衡器具，并在全国范围内推行使用。这一举措不仅解决了长期以来度量衡混乱的问题，也为后世的经济发展和文化交流提供了便利条件。这件陶量（秦朝统一测量粮食容积的用具）正是在这一背景下诞生的。

此陶量为泥质夹砂灰陶，陶质细密坚硬，粗筒形，直口，平沿，腹壁斜直，平底，制作规整。腹部印秦始皇二十六年（公元前221年）诏书全文，20行40字，每4字为一组，戳印而成："廿（niàn）六年，皇帝尽并兼天下诸侯，黔首大安，立号为皇帝，乃诏丞相状、绾（wǎn）：法度量则不壹，歉疑者，皆明壹之。"内底及口沿戳印"驺（zōu）"字。陶量的容量为五升，即半斗。这是秦始皇兼并六国后，统一度量衡的实物例证，其背后蕴含着丰富的历史信息和文化价值。

在中国悠久的历史长河中，秦始皇以其非凡的才略和卓越的成就，成为千古一帝。他统一度量衡的举措，不仅为当时的社会经济发展奠定了坚实基础，更对后世产生了深远的影响。这件出土于山东纪王城的陶量便是秦始皇"车同轨，书同文，行同伦"举措在中央集权封建王朝的社会生活中发挥重要作用的有力证明。统一的度量衡极大地促进了商品流通和经济发展，有助于各地文化的交流，从而进一步促进了社会的大一统。

秦汉时期 盛世雄风

● **小知识：** 纪王城

纪王城是邾国的都城遗址，位于山东省邹城市峄山镇纪王城村周围，面积约6万平方米，城内分布有邾国宫殿区、贵族墓葬区、居民生活区、手工业作坊区等。

纪王城的历史可以追溯至东周时期，公元前617年，邾国国君邾文公迁都于邹城峄山之南，战国晚期邾国为楚国所灭，秦汉至两晋时期为邹县县治，北齐时期又迁至今邹城市区一带，后逐渐被废弃。

该遗址出土文物较为丰富，且大部分文物都带有文字，为研究东周时期的社会经济、文化习俗提供了宝贵的实物证据。

邾国故城城墙

金镦金冒青铜戈

——挥举金光璨

六十二

文物登记卡

名 称	金镦金冒青铜戈
所属年代	西汉
文物类别	铜器
文物尺寸	戈长22.3cm　金冒长9.3cm　镦(duì)长11.9cm　銎径3cm
出土地点	山东淄博临淄区临淄墓群西汉齐王墓陪葬坑
收藏地点	淄博市博物馆

秦汉时期　盛世雄风

1978年，济南铁路局东风站扩建，因需要大量土方，济南铁路局几番对比之下，发现从附近的一个封土高达20多米的古墓取土是最方便的。这个古墓地处淄博临淄区大武镇窝托村南侧，但能否取土还得经过文化部门的考量。当时大家都以为这是一个战国中期一般贵族的墓，没想到经过考古人员的发掘，得知墓主的真实身份竟是西汉齐王。并且，此墓从未被盗扰。

　　此墓东北距离齐国故城遗址23公里，东距临淄区政府驻地辛店6公里。墓南为丘陵，墓北为平原。墓封土规模颇大，虽经历年侵蚀，仍高达24米，占地面积62500平方米。

　　在封土下面北墓道的西侧和南墓道的东西两侧发现了五个随葬坑——器物坑、殉狗坑、兵器仪仗坑、车马坑等，考古人员先后对这五个随葬坑进行发掘，相继出土了1.21万余件文物，不限于铜器、石器、玉器等，种类之多，器物之精美，足以显示出当年齐国雄厚的经济实力和悠久的文化底蕴。其中兵器仪仗坑出土了铜镞、木弓、弩机、箭杆、弹丸等兵器，数量达5000余件（已朽的木箭杆未统计在内）。其中以铜镞和弹丸数量最多，其次是冒形饰、铁戟（jǐ）、弩机等。

　　这件金镦金冒铜戈出土于兵器仪仗坑，其形制与战国时期形制相仿。戈本是锋利的武器，但从这件器物的工艺、材质和出土位置不难推测出，它是一件礼器，可能主要用于宫廷仪卫。该器物由铜戈、金冒、金镦三部分组成，原来应有木柲（bì）。铜戈为长胡三穿（孔），援微曲上扬，便于勾杀和挥舞，内上近胡处有一穿，将木柄牢牢固定在戈体上，增加武器使用的稳定性和耐用性。戈上套有一金冒，冒顶有一只金光璀璨的回首鹦鹉，冒身为筒状，可将木柄插入其中，另一端与金镦相衔接。金镦上端銎如杏仁状，下端较细，饰四道凸棱纹和卷云纹。不过因为年代久远，木柲已经腐朽，而戈头、镦、冒是金属制成，保存得较为完好。

　　此器物整体造型精致华美，无疑是汉初齐国王室仪仗器具中的杰作，尤其是铜金复合的工艺技术，体现了齐国发达的金器工艺。

　　西汉初年，汉高祖刘邦分封的同姓诸侯王几乎占据了国土的大部分，中央直辖的仅有15郡,大的诸侯王国甚至"夸州兼郡,连城数十,宫室百官,同制京师"。这些诸侯的管制设置同汉中央管制相近,诸侯王拥有很大的权力,有较为独立的司法权,甚至还有权发兵,拥有自己的军事力量。刘邦的妻子吕后死后,她的亲属"诸吕"专权,企图谋反,就是齐哀王刘襄率兵驻扎在济南,配合汉王朝平定了叛乱。

此墓究竟是哪个齐王的长眠之所?因为主墓目前未发掘,墓主人尚待知晓。有专家推测是刘襄,也可能是刘肥。总之,无论墓主是谁,其出土的兵器数量之多、种类之全已体现了齐国军事力量的强大。

● 小知识:**临淄墓群**

齐国是西周时期重要的诸侯国,经春秋、战国至汉代。作为齐国都城的临淄,不仅是这些王侯贵族生活的地方,也是他们的长眠之所。在齐都临淄周围几十里的地面上,分布着150多座古墓,被称为"临淄墓群"。

这些古墓的年代上起春秋中后期,下迄秦汉。墓主身份多为国君、公侯、大夫、将军、名士等。如:田齐威、宣、<u>湣(mǐn)</u>、襄四个国君之墓;齐桓公、景公之墓;齐国名将田单墓;管仲墓;三士冢;西汉齐王墓等。

这些墓的形制多为高大的封土墓,有的高达120米,耸立在山坡上,显得异常醒目;有的不足10米,状若小丘;有的已不见封土,大概为后代所夷平。

临淄墓群被誉为临淄的地下博物馆,为研究齐地乃至西周至汉代的墓葬文化提供了宝贵的实物资料。

秦汉时期 盛世雄风

鎏金铜熏炉
——室雅幽香燃

〔六十三〕

文物登记卡

名　　称	鎏金铜熏炉
所属年代	西汉
文物类别	铜器
文物尺寸	通高15cm　口径9cm　腹径11.8cm　足径6.8cm
出土地点	山东淄博临淄区淄博墓群西汉齐王墓陪葬坑
收藏地点	淄博市博物馆

已录入

　　此铜炉通体鎏金，容器部分设计得较为宽阔，看上去形似一颗金豆，顶部配了一弧形盖，可与器身紧密相扣，为子母口。盖顶设有一个环钮，

172　齐鲁瑰宝

方便将炉盖提起。盖上透雕盘龙两条，龙身蜷曲盘绕，首尾相接。使用时，烟雾会从镂空部分袅袅升起，缭绕室中，仿佛置身仙境。器身部分有一圈微微凸起的带纹，并在两侧装饰了一对铺首衔环，便于提握。与器身相接的柄中部略微凸起，圈足，可更好承受顶部重力。在熏炉底足部被錾刻铭文"左重三两"，意为左边的重量为三两，底座外缘部则刻着"今二斤十二两"，表示现在的重量为二斤十二两。熏炉身上还刻有其他文字，但因年代久远，已经模糊难辨。

熏炉，也叫"香炉"，为古代常用的焚香用具，主要用来熏染衣物、净化空气，还能除潮去湿、杀虫避秽，《周礼·秋官·司烜第五》中便曾记载："翦氏掌除蠹（dù）物，以攻禜（yíng）攻之。以莽草熏之，凡庶蛊之事。"除了日常使用之外，熏炉还可用在宴饮歌舞等场合，是尊贵身份的一种展示。

熏炉的历史至少可以追溯到新石器时代晚期。20世纪80年代，在上海青浦福泉山遗址出土了一件良渚文化晚期的灰陶竹节纹熏炉，是迄今为止国内发现最早的熏炉实物，说明熏香在我国历史悠久。到了战国，熏炉的使用范围渐广，主要有陶熏炉和青铜熏炉。汉代，焚香真正流行起来，出现了"出则佩香，入则熏香"的现象。发展至宋代，焚香成为宋人的四大雅事之一，大家以香为雅，香不离身，北宋洪刍（chú）等人还作《香谱》，专门归纳整理了用香历史、用香方法、香料配方等。

早些时候人们使用的熏香多为自然生长的香草、香料。西汉时期张骞出使西域，不仅是中国古代外交史上的辉煌篇章，促进了政治、经济的深度融合，更将西域的奇珍异宝、香料珍馐等带入中原大地。

随着秦汉大一统，古代中国对外贸易也开始兴盛起来。西汉时期，已经大量从西亚、南亚、东南亚等地进口香料，这些香料既可药用，也可日常熏用。香料的日常化促进了熏炉的多样化，汉代以后，香炉的材质逐渐丰富起来。宋代出现了瓷制的博山炉，更是变成了文人的把玩之物，以后出现的玉质香炉、翡翠香炉等，也都成为富贵人家的一种陈设或把玩之物，装饰着其高雅的生活。

六十四 矩形五钮龙纹铜镜
—— 中华第一镜

文物登记卡

名　　称	矩形五钮龙纹铜镜
所属年代	西汉
文物类别	铜器
文物尺寸	通长115.1cm　宽57.7cm　厚1.2cm　纽长5cm　纽宽3.5cm
出土地点	山东淄博临淄区临博墓群西汉齐王墓陪葬坑
收藏地点	淄博市博物馆

已录入

铜镜是我国古代文化遗产中的瑰宝，它在古人生活中存在了几千年。在铜镜发明以前，古人以水为镜、止水照容。我国铸造使用铜镜的历史相当久远，据考古发掘，现存最早的铜镜距今约4000年，出现在河西走廊的齐家文化墓葬中。铜镜经夏商、两周时期发展，至汉唐时期琳琅满目、美不胜收，从宋元时期逐渐衰退，到清代西方玻璃镜传入，它才逐渐从人们的生活中消失。

汉代诗人李尤在其诗作《镜铭》中曰："铸铜为鉴，整饰容颜。修尔法服，正尔衣冠。"可见，铜镜的首要功能便是用于梳理妆容。与此同时，它也是精美的工艺品，可作装饰、赏赐、信物、聘礼等，运用非常广泛。各时期的铜镜也是其所处时代的铜铸造工艺、审美情趣、社会思想、生活面貌等的直观体现，是人们今天认识和研究古代社会的重要物质载体。

在大多数人的印象中，铜镜通常又小又圆，我国出土的铜镜也多数为这类，但这件出土于西汉齐王墓陪葬坑的矩形龙纹铜镜却有些不同寻常。它是目前我国出土的面积最大、器重最重的铜镜，形体庞大，气势宏伟，铸造精湛，被誉为"中华第一铜镜"，为历来著录及考古出土中的镜中之冠。

此铜镜外观呈矩形，重量达到了56.5千克，尽管看着挺豪迈，但其厚度却只有1.2厘米，非常纤薄。如此庞大又纤细的身形，可以想见铸造难度有多大，汉代的铜镜技术又有多发达。

再看背面，上面装饰着浅浅凸起的浮雕龙纹，龙身蜷曲，张嘴吐舌，充满动感。龙纹被有意识地拉长，与镜子的形状相适配，线条刚劲流畅，形象生动，神采飞扬。镜子的边缘饰有连弧纹，在四个角落和中心位置各有一个拱形三弦钮，每个钮的底座有柿蒂纹，可能是为了将铜镜固定在底座或柱子上。

这么大的一面方形铜镜究竟是用来干什么的，目前学界还没有定论，有人猜测它是一面穿衣镜或辟邪镜，也有人猜测它是齐王墓墓主人的身份象征。

秦汉时期　盛世雄风

虽然它的用途众说纷纭，但可以确定这面铜镜的出现与它的产地临淄有着不可分割的联系。铜镜最初由官方机构监督铸造，民间铸镜手工作坊后来才大量铸造。两汉时期，山东临淄、四川广汉、浙江会稽等地是全国铸镜中心。这些地区的作坊铸镜工艺高超，流通范围广，有的还会在镜背铭刻铸镜匠师之名。

早在战国时期，临淄的制镜工艺就已经相当成熟。1964年临淄区稷下街道商王村战国墓出土的一件错金银镶嵌绿松石铜镜，是战国晚期青铜镜的重要代表之一，它工艺复杂，制作华丽，在古代青铜镜制造史上非常有名。临淄发现的西汉时期的铜镜，除了这件矩形铜镜外，还有蟠螭纹镜、草叶纹镜、龙纹镜、双圈铭文镜、日光镜、星云镜、昭明连弧纹镜等，数量众多，品种齐全，基本包括了西汉铜镜的主要类型，令人叹为观止。

目前，临淄齐国故城内发现的铸镜遗址有四处，足以证明临淄是战国、西汉时期全国铸镜中心的历史事实。

错金银镶嵌绿松石铜镜（山东博物馆藏）

捶揲花瓣纹银盖豆
——"混血"证交融

〔六十五〕

文物登记卡

名　　称	捶揲花瓣纹银盖豆
所属年代	西汉
文物类别	铜器
文物尺寸	通高10.9cm　口径11.3cm　腹径11.8cm　底径6.8cm
出土地点	山东淄博临淄区临博墓群西汉齐王墓陪葬坑
收藏地点	齐文化博物院

已录入

秦汉时期 盛世雄风

这件银豆的盘与盖呈子母口扣合，豆盘微微内敛。盘腹部较浅，下腹向内收缩成小平底，下方连接着铜制矮圈足。平盖略带弧度，顶部有三个铜制卧兽形钮。器身和盖面均饰有两圈尖瓣形凸泡纹，尖端相对交错排列，铜钮和底部均为铆接镶嵌。圈足旁的腹壁及盖内底刻有"木"和"南"，故又名"木南"银豆。

说起来，这件银豆还是一个"混血儿"。它是随着丝绸之路开通而进入中国的，并且最初只有盘和盖的部分，具有明显的古代西亚艺术风格。器身表面的花瓣纹极具特色，是当时西方非常流行的纹饰"裂瓣纹"，通过捶揲法制作而成，与传统的铸造工艺有显著区别。

银盘到达中国后，齐国工匠根据自身的审美和使用习惯，在盖上嵌入了3枚铜质兽形钮，便于拿放；又在盒底加上铜质喇叭形底座，增强稳定性。于是，这件外来物品被改装成了古人们用来盛放调味品和食物的器皿"豆"，成为一件中西结合的产物，同时，也是中国丝绸之路的见证。

不同国家的风格在这件器物上和谐相融，既是当时东、西方世界广泛交往的物证之一，也是汉代异域文化本土化的一种表现。

齐国地处当今的山东，面朝渤海，背靠广袤的齐鲁大地，在古代对外交流中占据着重要的地位。山东对外交流的起源可追溯到史前时期，主要通过海上丝绸之路与东北亚地区进行文化交流。春秋时期，齐国开辟了南接吴越地区，东到朝鲜半岛、日本的海上丝绸之路，实现了"越海而东，通于九夷"。西汉时期，张骞出使西域，陆上丝绸之路开启，山东的货物便经长安走向西方。到了唐朝，山东沿海设置青州、莱州、登州、密州，作为对外交流的重镇，西方商人可以直接到山东进行贸易，陆地丝绸之路的起点东移，由此，山东成为海、陆丝绸之路的重要交会点。时至今日，山东依然在对外贸易和文化交流中发挥着重要作用。

- **小知识：捶揲法**

　　捶揲法是金属制作工艺的一种，亦可用以制作金铜佛像。捶揲法的核心在于将金、银、铜类材料经过反复捶打、敲击使其变得柔软，制成很薄的"片"镶嵌在器型上，故名捶揲。捶揲法是利用金、银质地柔软、延展性强的特点，通过反复捶打使得工艺品富有肌理感和层次感。"捶"即敲打，"揲"意为反复翻动。

　　一般认为捶揲工艺源于西亚，但在中国的考古发掘中也多次发现了这种工艺制品，比如四川广汉三星堆遗址出土的商代包金青铜像、金面鱼形饰等。

锤揲法示意图

铜编钟、石编磬一组
—— 金石之声远

【六十六】

文物登记卡	
名　　称	铜编钟、石编磬一组
所属年代	西汉
文物类别	乐器
文物尺寸	铜钮钟高13.5~28.2cm　铜甬钟高50.8~58.8cm 石磬最大者长62cm　最小者长20cm
出土地点	山东济南章丘区洛庄汉墓
收藏地点	济南市章丘区博物馆

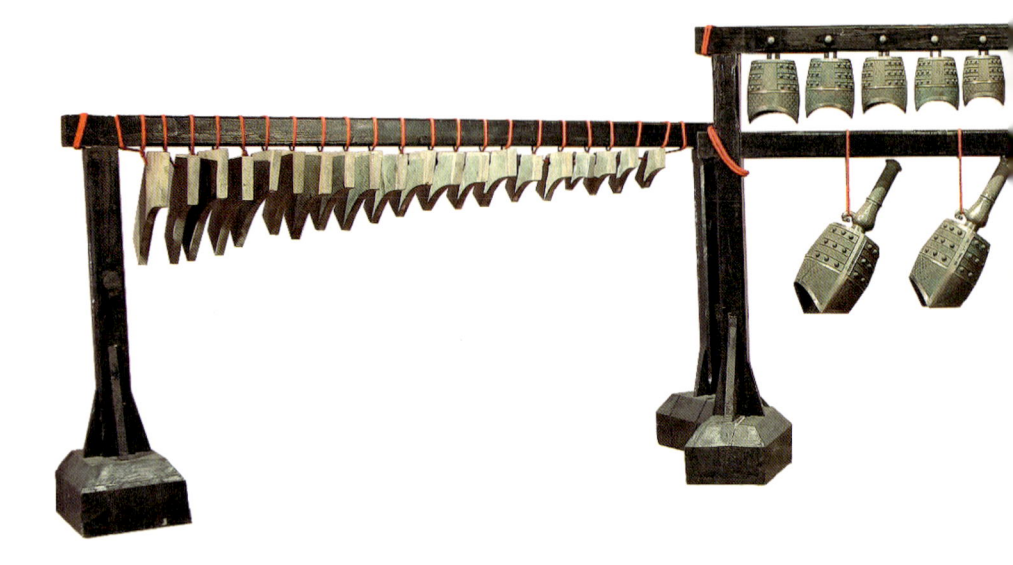

已录入

180　齐鲁瑰宝

编钟是中国古代的大型打击乐器，由多个青铜钟按音高顺序排列而成，悬挂在木架上，当人们敲击不同的钟体时会发出悦耳的声音。编钟始于商周，盛行于春秋战国，比如战国时期鼎鼎大名的曾侯乙编钟。

磬也是古代的一种打击乐。它的历史同样悠久，商朝时期制磬技术已经十分成熟。到了周朝，磬被赋予了等级象征意义，开始作为礼器使用。严格的等级制度下磬的名称和材质各有不同，比如：诵读诗歌时称为"颂磬"，伴奏笙管时称为"笙磬"；祭祀天地山川时使用石磬，祭祀祖宗时则使用玉磬，玉磬甚至还成为王权的象征。除此之外，制磬的工匠享有"乐师"的礼遇，并出现了专门从事击磬教育的"磬师"。在春秋战国之前，磬通常是单独使用，称为"特磬"；春秋战国时期，编磬开始出现，即将不同大小的石磬编成一组，每只磬都有不同的音色，能够演奏出完整的乐曲，与编钟有些相似。编钟常与编磬组合使用，"金石之声"中的"金"就是指编钟，"石"则指编磬。

这组编钟由于年代久远，出土时，支撑编钟的木架已经腐烂，不过编钟只有少量锈蚀痕迹，轻轻一拭即锃亮如新，钟内调音痕迹清晰可见，可

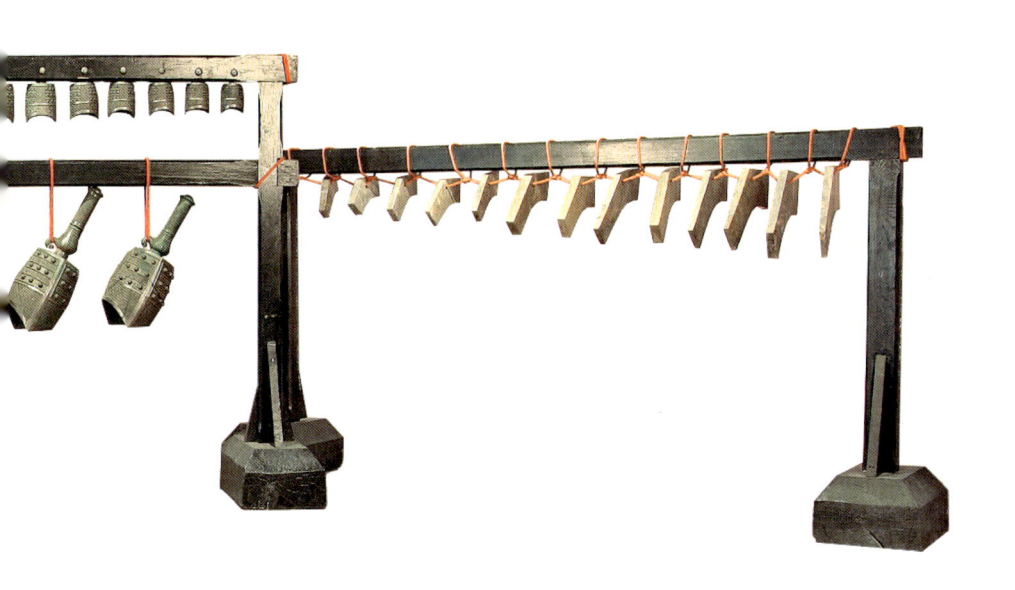

知为实用器。编钟共19件，出土时悬挂于木架上，分上下两层，上层悬挂钮钟14件，下层悬挂甬钟5件。青铜钟悬挂在钟柱上，依次排序，演奏者用木槌敲打铜钟，就能发出不同音律，显示出汉代音乐文化的先进水平。

洛庄汉墓乐器坑一次出土了编磬共6套，总计单体磬块达107件，比已发现的西汉实用编磬的总和还要多，不仅在以往出土的汉代编磬中前所未见，就是在整个先秦钟磬乐器最为繁盛时期，也是没有先例的。这些文物向我们生动显示了汉代宫廷乐队的宏大场面。

济南出土数量如此众多的钟磬乐器，与当地历史悠久的乐舞文化息息相关。甲骨文记载的"乐（泺）（luò）"地，便是古代济南地区。《春秋·桓公十八年》中亦有记载："十有八年春，王正月，公会齐侯于泺。"泺，指济南老城区一带，文中描绘了鲁桓公与齐襄公在泺地见面的事件。《礼记·乐记》云："《齐》者，三代之遗声也；齐人识之，故谓之《齐》。"春秋时期，齐国泺邑是久负盛名的乐舞圣地，即当今济南地区。鲁国的孔子出使齐国，在泺邑听到了舜帝的《九韶》，而三月不知肉味。可见济南地区音乐历史之悠久，演奏之精妙，流传甚广。

● **小知识：洛庄汉墓**

洛庄汉墓位于山东省济南市章丘区枣园街道办事处洛庄村西约1公里处，是一座年代较早的西汉诸侯王墓，也是目前唯一的一座与汉高祖刘邦的皇后同姓的吕姓诸侯王墓。

墓中共发现33座陪葬坑，出土各类珍贵文物3000多件。乐器坑长20米、宽3米，总计出土文物140多件，其中19件编钟、107件编磬和3辆大型马车的发现，引起了社会的广泛关注和考古界的高度重视，洛庄汉墓也被列为2000年度十大考古发现之一。

洛庄汉墓出土遗物具有西汉初年的特点，发掘者根据陪葬坑中出土的"吕大官印""吕内史印"等封泥并结合文献记载推断，墓主人可能是死于公元前186年的吕国第一代王吕台。

鎏金龙马铜当卢

——壮马饰当颅

〖六十七〗

文物登记卡

名　　称	鎏金龙马铜当卢
所属年代	西汉
文物类别	铜器
文物尺寸	通长16.8cm　宽7.8cm　厚1.4cm
出土地点	山东济南章丘区洛庄汉墓
收藏地点	济南市章丘区博物馆

已录入

秦汉时期　盛世雄风

当卢，亦称"当颅"，是古代系在马额头中央偏上部位的物件，起装饰和保护作用。它最早出现于商代，周代已十分普及，到了西汉时期，当卢的使用十分盛行，材质也变得多样化，有金、银、青铜等，形状也更加丰富多彩。较为常见的当卢本体似圆甲泡，上端分出两歧角，下边垂一长方形鼻梁，背面有几个横或竖鼻，用以穿戴缚扎。

这件鎏金当卢整体造型像一枚树叶，采用镂空浮雕的技法，正中央是一匹卷曲呈反"S"形的骏马。这匹马长得很是独特，它的形象很可能来源于古代一种名为"龙马"的神兽。传说中的"龙马"头上有角，身上有鳞，长有翅膀，与其说是马，不如说是长得像马的龙。这件鎏金当卢中的"龙马"，目光如炬，鬃毛修剪爽利，前蹄高抬，后蹄反卷，周身衬以鸟纹和云纹，似有凌云腾空之气魄。当卢的正面和侧面鎏金，背有两竖一横三环钮，便于穿引皮绳。这样简繁有度、丰满灵巧的造型，不仅体现了工匠的高超技艺，也蕴含了丰富的文化内涵，象征奋发向上、勇往直前的龙马精神。

当卢中的"龙马"纹

尽管鎏金当卢在汉代诸侯王墓葬的发掘中也屡有发现，但像洛庄汉墓中这样透雕纹饰的却比较少，尤其是纹饰中龙马的特殊形象更是罕见。"高箱照云母，壮马饰当颅"（王褒《日出东南隅行》），作为"门面担当"的鎏金龙马铜当卢，它就像是古代坐骑的金"车标"，显示其主人的尊贵不凡，生前想必是位身份显赫之人，同时也是当时高超的金属工艺水平的展现。

当卢的盛行与汉代马业空前发展有关，出于与匈奴作战的需要，汉王朝十分重视马种的改良，拥有蒙古马、大宛马和乌苏马等多种品种，还专门从西域引进汗血宝马，根据《汉书·张骞传》记载："初，天子发书《易》，云'神马当从西北来'。"马业的发达推动了与马相关的器具的大量出现和使用，如头络、当卢、马鞍、攀胸、马镫等。以马为原型的艺术作品也数量众多，品类丰富，有玉马、石马、铜马、陶马，在壁画、画像石、画像砖、铜镜等上也经常出现马的形象。

山东章丘地区饲养马的历史悠久，20世纪30年代，在山东省章丘市龙山镇城子崖遗址，发现了数量众多的兽骨，其中不少为马骨。该遗址经考古判断为距今4000年左右的新石器时代遗址，说明在原始社会，山东地区的先民们就开始驯养马匹，且有一定的规模。

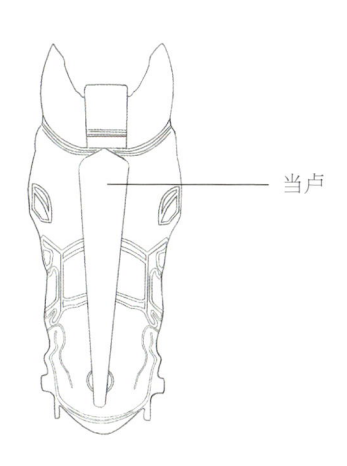

当卢佩戴示意图

[六十八] "重廿一斤"铜臼、"重八斤一两"铜杵

—— 捣药声声脆

文物登记卡

名　　称	"重廿一斤"铜臼、"重八斤一两"铜杵
所属年代	西汉
文物类别	铜器
文物尺寸	臼高13.5cm　口径15cm　杵长35.5cm
出土地点	山东菏泽巨野县红土山汉墓
收藏地点	巨野博物馆

已录入

该铜臼与铜杵为一套。臼是指带凹陷或有窝的物体；杵是指舂米、捣衣、筑土等用的棒槌，用作动词"捣"。看上去这套器物非常像捣蒜用的生活用具，但它们其实是西汉时期用来制药的重要器具。

铜臼呈圆筒状，开口宽阔、直口、方唇，腹下部逐渐收为平底，便于捣锤，底部边缘外折形成假圈足。器物的上腹部铸有一圈凸棱，并刻有铭文"重廿一斤"，意为重21斤。铜杵则呈棒状，下粗上细，杵上有皲裂变形的痕迹，中部刻有铭文"重八斤一两"，意为重八斤一两。西汉时期，一斤等于16两，相当于现在的250克。

铜臼、铜杵是汉代典型的制药器械，但是这件铜臼、铜杵在目前已发掘的西汉墓葬中较为罕见，究其原因，就在它身上所刻的铭文。这组标注重量的铭文使这件铜臼、铜杵成为我们了解西汉时期的度量衡制度及量制变化的实物依据。

我国的度量衡制度发展历史悠久，直到秦始皇统一六国后，开始了统一度量衡的制度建设。西汉时期的度量衡制度继承于秦制，又根据自身社会环境在秦制的基础上有所发展，使之条理更加规范。

在此墓中与铜臼、铜杵一同出土的还有药丸、药料，证实了其捣药的

巨野博物馆

秦汉时期 盛世雄风

用途。汉代，中医药学迅速发展，首次出现了以考试的形式选拔合格医官的制度，还设有专门的医官职位。1968年，在河北出土的汉代中山靖王刘胜墓葬中，发现了金银医针、医工铜盆、银灌药器、银漏斗等医药用具。《神农本草经》这部重要的医学著作就是在汉代产生，书中记录了多种中药材，包括植物类、动物类和矿物类。汉代还出现了张仲景、华佗等名医。

山东地区医药文化历史悠久，《史记·扁鹊仓公列传》记载了以扁鹊、仓公为代表的中国历史上最早的较为系统的医学流派，该流派即发源于齐国。扁鹊，原名秦越人，齐国卢邑（今济南长清）人，他是春秋战国时期的齐国名医，被称为医学鼻祖，也是齐鲁医派的鼻祖。仓公，即西汉时期齐国名医淳于意，他学习扁鹊医学流派，创作了多部医学著作。如今，济南这座被誉为"扁鹊故里"的城市，依然传承发展着中国中医药的优秀文化。

玉覆面

——温润覆安宁

〖六十九〗

文物登记卡	
名　　称	玉覆面
所属年代	西汉
文物类别	玉器
文物尺寸	通高20cm　通宽23cm　厚2.9cm
出土地点	山东济南长清区双乳山汉墓
收藏地点	长清区博物馆

已录入

秦汉时期 盛世雄风

玉覆面，又称缀玉面幕、缀玉瞑目或玉面罩，是一种覆盖在死者脸部的缀玉织物，西周至汉代较为流行。这种葬礼用具一般由碎玉或废玉加工而成，玉料的边角处有穿孔供丝线缝缀，使用时覆盖在死者的面部。

这件玉覆面出土于20世纪90年代发掘的一座大型墓葬，墓主是西汉济北国（西汉时期山东中西部的诸侯国）末代国王刘宽。《汉书·济北王传》中记载他于汉武帝天汉四年（前97年）继位，后来因为悖人伦、诅咒天子等罪行，在公元前87年畏罪自刎，济北国也被废，改设为北安县。这也就不难理解为何他的墓葬虽然采用了汉代王侯常用的"两重椁三重棺"规格，但是没有"黄肠题凑""金缕玉衣"这些贵族配置。

该墓葬发现于1995年，济南长清镇的村民在双乳山上开山挖石，意外发现了一条人工开凿的通道，专家调查后确认是墓室通道。在挖掘工作初期便清理出了不少鎏金青铜器，之后随着其他遗物的出土以及马车痕迹的发现，基本可以确定这是一个西汉诸侯的墓葬。按照当时的风俗，墓主很有可能会穿着玉衣下葬。

抱着这样的预期，考古专家们甚至做好了提取玉片、保存丝帛的准备工作。但是随着挖掘工作的深入，这座汉代王侯墓葬并没有发掘出想象中的成果，反而陪葬物和墓葬规格都显得有点简陋和潦草，像是一个半成品。最终，虽然没有发现金缕玉衣，但却发现了一副造型奇特的玉面具。另外还出土了铜器、漆器、陶器、金饼、车马器具等2000余件文物，由于墓葬没有被盗，这些随葬品保存状态都较好，为研究西汉历史提供了珍贵的实物资料。

此玉覆面出土时仍覆盖于逝者面部，由额、腮、颊、颌、耳等17块玉片和玉鼻罩组成，共计18块。玉覆面整体贴合脸部的形状，眼睛和嘴巴的部位则由相应的玉片打磨而成，整体造型具有写实风格，比例适当，形象逼真。各玉片均为素面，内侧下棱和鼻罩边缘处斜穿细微孔，孔孔对应，方便用丝缕线串联，做工极为细致。尤其值得一提的是鼻罩部分，它的雕刻最为精细，由一整块玉石精心镂雕而成，鼻梁笔直，两翼微微鼓起，边缘外折，两翼上雕有精美的云雷纹，内部中空，厚度仅0.1～0.2厘米。鼻罩的下端雕刻了两个三角形的鼻孔，余部外表线雕云雷纹。整个鼻罩的工艺复杂而细致，造型新颖，在整个覆面中最为精绝。

玉覆面在两周时期极为盛行，到汉代时发展进一步完备，组合方式也更为先进，后来还发展出了金缕玉衣、银缕玉衣、铜缕玉衣、丝缕玉衣等，对研究古代丧葬文化和玉器工艺很有价值。

● **小知识：黄肠题凑**

黄肠题凑是古代一种结构特殊且高规格的墓葬形制，主要流行于秦汉时期，是统治阶级上层专用的葬制。

"黄肠"指的是去皮后的柏木黄心，即墓葬所用的材料，这种柏木去皮后呈现淡黄色，因此得名"黄肠"。"题凑"则是指墓葬的形式和结构，即木头皆向内累积起来。"黄肠题凑"即指用黄心柏木层层平铺、叠垒而成的一个框形椁室结构。

黄肠题凑是帝王一级使用的椁室。但经天子特许，个别勋臣贵戚也可使用。这种葬制在汉代尤为盛行，是汉代厚葬之风的产物，也是古代社会等级制度和丧葬文化的重要体现之一。

七十 金缕玉罩
——玉衣裹身影

文物登记卡	
名　　称	金缕玉罩
所属年代	西汉
文物类别	玉器
文物尺寸	头罩：高27.4cm　头围66cm　颈围54.1cm 左手罩：长15cm　宽12.5cm　高8.4cm 右手罩：长14.6cm　宽12.6cm　高7.9cm 左足罩：长29cm　宽11.3cm　高12.4cm 右足罩：长31.3cm　宽12.6cm　高12.5cm
出土地点	山东临沂北城新区洪家店汉墓
收藏地点	临沂市博物馆

已录入

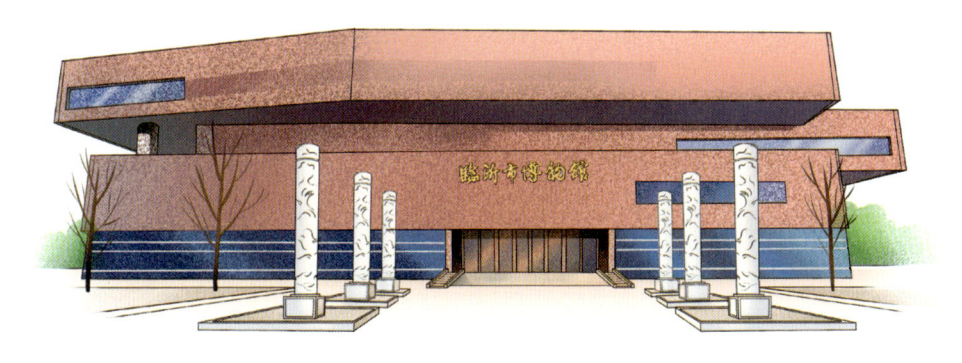

临沂市博物馆

  汉代人认为，玉石凝结了天地之精华，具有特殊的功效，将玉覆盖在人体上，便可以防止尸身腐化，所以古人常用玉器作为随葬品。大抵是因为这种观念，金缕玉衣在汉代盛极一时。

  关于玉衣的描述，最早见于《汉书》，但其起源目前尚无定论。有学者认为可以溯源到东周的缀玉面幕和缀玉片的衣服；有学者认为战国末期已经出现了玉衣的雏形，1959年洛阳中州路发掘的战国末期墓葬中发现了部分死者脸上覆盖着缀玉的面罩，身上穿着缀玉的衣服，这可能就是玉衣的前身；还有学者认为其起源于商周时期的"玉覆面"。

  经过发展演变，玉衣在两汉时期流行，成为皇帝和高级贵族入葬时使用的殓服，并逐渐成为制度。至曹魏黄初三年（222年），玉衣葬制被废除，玉衣便不再使用。

  根据《后汉书·礼仪志》记载，玉衣有金缕、银缕和铜缕三个等级，只有皇帝才能使用金缕玉衣；诸侯王、列侯始封、贵人、公主用银缕玉衣；大贵人、长公主用铜缕玉衣。

  目前，国内已经发现了20余套玉衣，它们的形制大致相同，像铠甲一样，包括头罩、上身、袖子、手套、裤筒和脚套等部分。在这些玉衣中，这套金缕玉衣罩当属形制极为特殊的一件，因为这是迄今为止发现的唯一一套只有头套、手套和脚套而没有四肢和上身的玉衣。

秦汉时期 盛世雄风

此件金缕玉衣罩由头罩1件、手罩2件、足罩2件组成，除头罩顶部用一小块玉璧外，其余均为方形、三角形等不同形制的1400余片和田玉片，以金丝十字交叉式连缀而成，拼合得天衣无缝。绝大多数玉片是素面的，少数则是由其他玉器的残片改制而成，所以会保留原有的纹饰，一些玉片由于长期受到水土的侵蚀，表面呈现灰褐色或黑色沁斑。出土时玉衣头部右侧放着一颗玛瑙印章，上面用阴文小篆刻着"刘疵"二字，推测这套金缕玉衣罩的主人应该就叫刘疵，可惜的是，历史上对此人并无记载，因此关于刘疵的身份以及此人为何能拥有一套如此独特的金缕玉衣，仍是未解之谜。

这件金缕玉衣因设计别具一格、制作时代早、保存较为完整，让后人看到了早期玉衣独特的形制，是古代玉器制作的精品代表之一，为研究金缕玉衣早期形制及汉代丧葬制度增添了重要的实物资料。

彩绘载人载鼎陶鸟
——双翼载心愿

七十二

文物登记卡

名　　称	彩绘载人载鼎陶鸟
所属年代	西汉
文物类别	陶器
文物尺寸	通高53.5cm　座长29cm　座宽18.5cm
出土地点	山东济南无影山西汉墓
收藏地点	济南市博物馆

已录入

这件陶鸟整体构思精巧，简朴古拙，形似鸠鸟，昂首伸颈，双目直视前方，短喙。鸠鸟的头部和胸部绘有鳞状羽纹，双翼平展于左右，长尾微微上翘。它的两腿粗壮有力，三爪有距，稳稳地踏在方形底座之上。鸠背上载着三个站立的人，前面两人身着朱色袍，头饰环形高髻，拱手对立；

秦汉时期　盛世雄风　　195

另一人穿赭衣，双手撑着圆盖伞。陶鸟两翼上各载一鼎，形制相同，浅腹，圜底，带有附耳，鼎腹绘有心形纹，鼎足为立人形。

  从陶鸟的造型和细节中，我们可以推断出墓主人是希望在另一个世界继续享受钟鸣鼎食、仆从众多的奢华生活。

  明器，指的是古代人们下葬时随葬的器物，也叫作冥器。在原始社会，人们会将泥捏的人像、动物像等烧制成陶器随葬入墓穴，大汶口文化、龙山文化、二里头文化等时期都有发现陪葬器。根据考古发掘，商朝时期贵族死后，有时会将死者亲属、士兵或者战俘作为殉葬品，即所谓的人殉。

  汉代讲究"事死如生，事亡如存"，加之统治阶层提倡以"孝"治天下，因此，汉代厚葬成风。据《盐铁论》中记载："今厚资多藏，器用如生人。"就是说当时陪葬丰厚，陪葬的器物跟活着的人用的一样，力求逼真地反映生前的生活场景。

  汉代陶明器发展到顶峰，数量众多，造型丰富，远超铜、铁、木等其他材质。因此，陶明器大量使用，形制主要包括生产与生活用具、人物俑、建筑陶塑、动物陶塑等。汉代陶明器是汉代人类社会活动的产物，反映了汉代人的生活百态，是研究汉代历史的重要窗口。它们具有高超的艺术性，古朴浑厚、简约大气，为研究汉陶艺术提供了丰富的实物资料。

济南市博物馆

《孙子兵法》《孙膑兵法》竹简

—— 兵者诡道也

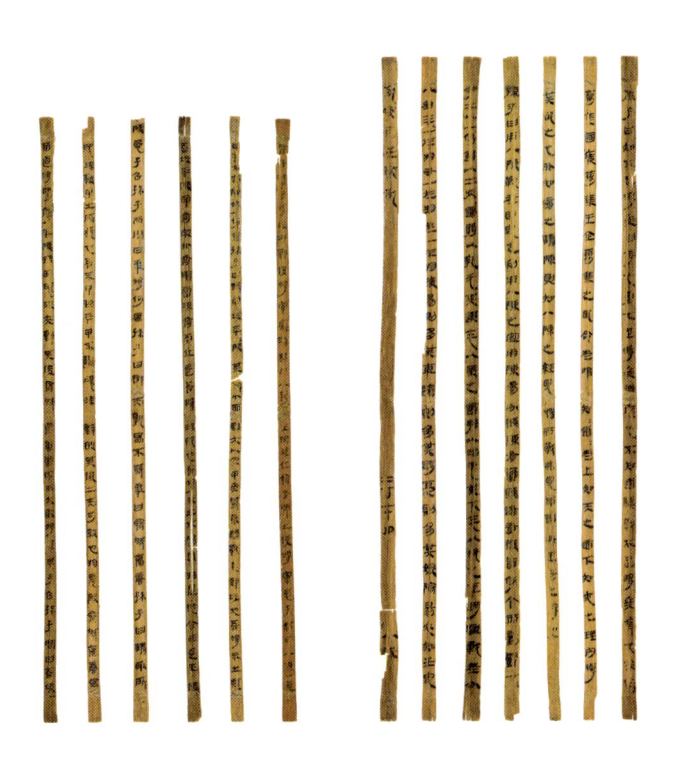

七十二

文物登记卡	
名　　称	《孙子兵法》《孙膑兵法》竹简
所属年代	西汉
文物类别	竹简
文物尺寸	通长27.6cm　通宽0.5~0.9cm
出土地点	山东临沂银雀山汉墓
收藏地点	山东博物馆

已录入

秦汉时期　盛世雄风

据春秋时期鲁国史官左丘明著作《左传》记载："国之大事，在祀与戎。""祀"指祭祀，"戎"指军事、战争。先秦时期诸子百家中便有"兵家"一派。

临沂银雀山汉简以丰富的兵学著作闻名于世，内容包括《孙子兵法》《孙膑兵法》《六韬》《尉缭子》等。这批竹简写于西汉文景时期至武帝时期，其简文书体为早期隶书。

《孙子兵法》也称《吴孙子》，是中国最具影响力的军事著作，被誉为"兵学圣典"。作者孙武，春秋末年齐国人，后至吴国成名。银雀山汉简《孙子兵法》共有简近300枚，包括传世本13篇及佚文5篇。虽是兵书，但中华民族历来崇尚和平，《孙子兵法》以"兵者，国之大事也，死生之地，存亡之道，不可不察也"开篇，道出了孙武"慎战"的主张，这样的军事思想也被战国时期的孙膑继承发展。作为一部兵书，《孙子兵法》字里行间讲的都是和平，深刻反思先秦时期兵凶战危的社会现实，追求"不战而屈人之兵"的理想。

《孙膑兵法》也称《齐孙子》，银雀山汉墓出土简本整简达137枚，共得6000字以上，是目前存世的唯一版本，作者为战国时期齐国人孙膑。《孙膑兵法》大约于东汉末年失传，也不见于历史著录，因此自宋代以来，有不少学者认为孙武和孙膑其实是一个人，直到银雀山《孙子兵法》《孙膑兵法》竹简的出土，才彻底解开这一谜题。

银雀山竹简上多处刻有"吴王问孙子曰""齐威王问用兵，孙子曰"的字样，吴王、齐威王各自所处年代相差约百年，可见竹简中的"孙子"并非一人，吴王询问的孙子为孙武，齐威王面对的则是孙膑。

《孙子兵法》与失传1700多年的《孙膑兵法》同墓出土，证明孙武与孙膑为两人，并各有兵书传世，为辉煌的齐鲁兵学提供了有力的佐证，具有极为重要的历史和研究价值。

两汉是山东儒学发展的兴盛时期，载入两汉史书的著名齐鲁大儒不下百人，居全国之冠。作为孔孟故乡，山东不论是在发展汉代经学文化方面，还是在军事、政治等方面都做出过巨大的贡献。

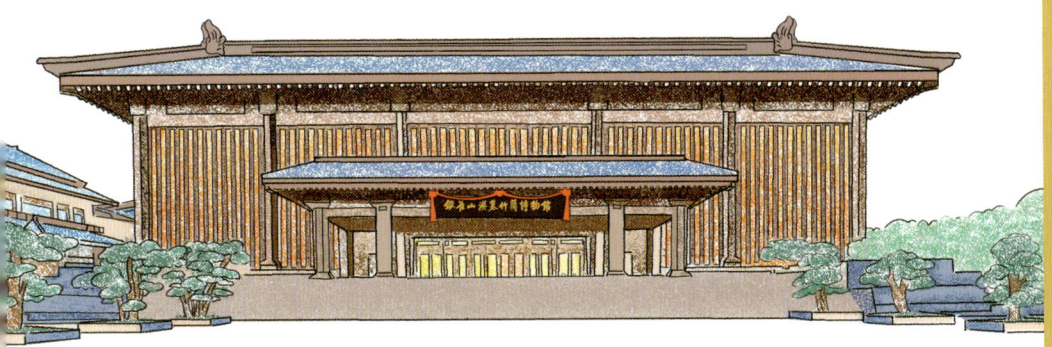

银雀山汉墓竹简博物馆

● **小知识：** 银雀山汉墓

20世纪70—80年代，临沂银雀山先后发掘了100多座墓葬，大多是西汉前期墓葬，是全国规模较大的古代墓群之一，2021年入选为全国"百年百大考古发现"。

该墓群中最著名的墓葬被命名为银雀山1号和2号墓。墓内发现了一批珍贵的竹简，其中就有中国古代四大兵法《孙子兵法》《孙膑兵法》《六韬》《尉缭子》以及《晏子春秋》《相狗方》《曹氏阴阳》等先秦古籍。特别是《孙子兵法》和失传1700多年的《孙膑兵法》的同时出土，使这批汉简名扬四海，它们与"马王堆""兵马俑"齐名，被列为"新中国十大考古发现之一"，为研究中国先秦和汉初的政治、经济、军事、文化、哲学、文学、音训、简册、历法等提供了极为重要的文献资料。

临沂市银雀山汉墓竹简博物馆，是我国第一座以汉墓竹简为主题的遗址类博物馆。

秦汉时期　盛世雄风

新莽铜诏版
—— 新朝昭告宣

七十三

文物登记卡

名　　称	新莽铜诏版
所属年代	新莽
文物类别	铜器
文物尺寸	正面 边长25.5~25.9cm　反面 边长25.4~25.7cm 厚0.48~0.62cm
出土地点	山东济宁邹城邾国故城遗址
收藏地点	山东大学博物馆

已录入

　　对于研究古代度量衡而言，新莽度量衡器有着极为特殊的意义，也是我们了解古代政治制度不可多得的文物。公元9年，王莽颁发了建立新朝度量衡制的诏书，他将容量和重量结合起来，真正从理论上统一了度量衡。

200　齐鲁瑰宝

与新的度量衡制度相匹配的，还有一批新度量衡标准器，同诏书一起颁发给了各郡县。

我国曾多次出土新莽时期的度量衡器，但在邾国遗址出土的这批度量衡器，是迄今为止首次经过正式科学发掘出土的，也是一次性集中出土数量和种类最多的汉代度量衡器。

2017年6月，考古工作人员对邹城邾国遗址【曾作为东周时期邾国都城、秦汉魏晋时期的邹（驺）县县治】进行发掘时，在一口西汉水井内出土了8件新莽时期的铜度量衡器，包括铜衡杆1件、圆环形铜权4件、诏版2件和货版1件。每件铜器都有铭文，显示内容与新莽改制有关，均刻有王莽"同律度量衡"诏书铭文，可能铸造于新莽建国元年（9年）。

两块诏版内容相同，尺寸相近。一般认为这种诏版是镶嵌在木质计量器具上使用的，比如方斛。诏版上"同律度量衡"诏书，即指实行度量衡改革，该诏书在传世的汉代文献中没有发现，最早见于《隋书·律历志》，此诏版上的内容与《隋书》所记几乎一致，仅一处"民"字在《隋书》中出于避讳原因，改为"人"字。

诏书共81字，内容为"黄帝初祖，德帀（zā）于虞。虞帝始祖，德帀于新。岁在大梁，龙集戊辰。戊辰直定，天命有民。据土德受，正号即真。改正建丑，长寿隆崇。同律度量衡，稽当前人。龙在己巳，岁次实沈。初班天下，万国永遵。子子孙孙，享传亿年"。这些诏书铭文虽提及"度量衡"，但诏书内容却与度量标准无关，而是在昭告王莽建立新朝的正统性与合法性，比如把黄帝称为初祖，虞帝称为始祖，而他是上应天命。

对于这种铜诏版的制作工艺、形状，以及铭文的刻写，都有着严格统一的标准。铭文多为工整垂脚的方正小篆，结构舒展，字体上紧下松，下部故意拖长而富有装饰性。此件铜诏版文字书写流畅，婉转有致，疏密有间，整体严谨规整，共9行，每行9字，代表了秦汉篆书的高水平。

这两件新莽铜诏版制作精良，保存也比较完好，所刻铭文更是蕴含丰富的历史信息，为研究西汉末期王莽朝代实行货币和度量衡改革等历史事件提供了珍贵的实物资料，对梳理我国度量衡发展沿革具有重要的学术价值。

七十四 "宜子孙"玉璧
——子孙承厚德

文物登记卡	
名　　称	"宜子孙"玉璧
所属年代	东汉
文物类别	玉器
文物尺寸	通高30cm　直径20.8cm　厚0.6cm
出土地点	山东青州谭坊镇马家冢子东汉墓
收藏地点	青州市博物馆

"宜子孙"玉璧为礼器，是迄今在全国发现的最大、最完整、最优质、艺术性最高的一件玉璧。该玉璧采用名贵的新疆和田玉雕琢而成，玉质温润，间有墨色。工匠结合玉材本身的特点，因材施艺，将墨色部分雕成双龙出没于祥云间，使之呈现出和谐统一的美感，实乃玉中佳品。

　　此璧是典型的"出廓"璧，即在玉璧的孔内或外侧镂雕出龙凤纹样，其高度超过璧的直径，称"出廓"。出廓部位一般雕作螭龙对拱形，有些螭龙间还有"益寿""长乐""宜子孙"等字样。

　　此璧出廓上方，透雕双龙纹钮，两条刚健的龙呈"S"形被祥云环绕着，昂首挺胸，欲腾空奔向天际，充满了韵律美。在双龙钮中央，透雕篆书"宜子孙"三字。这是汉代流行的吉祥语，意为"子子孙孙，宜室宜家"，代表了汉代人一种美好愿景。玉璧内区饰一周蒲纹形乳钉，共计158个，外区饰一周蟠龙纹。背面纹饰与正面形式相同，只是内环的蒲纹形乳钉为118个。其制作工艺精湛，采用了线刻、镂雕和浅浮雕等多种技法，原本扁平的一块玉璧在工匠巧夺天工的技艺之下，呈现出立体的艺术效果。

　　作为汉代玉器的上乘佳作，"宜子孙"玉璧的发现过程也颇有传奇色彩。1982年，在青州市谭坊镇马家冢子村，一个小孩用绳子拖着这一块玉璧到处玩耍。别人见这东西很珍贵，便报告给博物馆，博物馆派人来调查。原来这块玉璧是孩子父亲在村东边一个冢子挖砖时挖出来的，就带回家给孩子玩。后来工作人员就在这村子附近发现了东汉时期王室成员的墓葬，专家推测此墓为东汉中晚期北海国某位重要王室的墓葬，"宜子孙"玉璧便是出土于此。墓葬被发现时已经遭到了严重破坏，但好在这块"宜子孙"玉璧保存完好，时至今日仍旧散发着柔润光辉。

　　青州是古九州之一，战国时期是齐鲁两国的交界地，秦朝统一后归属齐郡，西汉时期，设青州刺史部，管辖7个郡、3个诸侯国。汉代青州宗族实力强盛，"宜子孙"的观念更是深入人心，在《史记·天官书》中写道："五星合，是为易行，有德，受庆，改立大人，掩有四方，子孙蕃昌；无德，受殃若亡。"可见"子孙蕃昌"是和"有德，受庆"联系在一起的。

秦汉时期 盛世雄风　　203

目前出土的汉代文物中还有很多体现这种"宜子孙"观念的器物，比如呼和浩特出土的西汉长乐未央砖上有"苌（cháng）乐未英子孙益昌"的文字；浙江湖州出土的东汉永元六年"大吉"砖，文"大吉宜子孙"；四川西昌出土的东汉"宜子孙"砖，文"宜子孙长大吉利"等。

青州市博物馆

武梁祠画像石

——百事石上刻

七十五

文物登记卡

名　　称	武梁祠画像石
所属年代	东汉
文物类别	石刻
出土地点	山东济宁市嘉祥县武翟山村北
收藏地点	嘉祥武氏墓群石刻博物馆

秦汉时期 盛世雄风　　205

武氏家族是东汉末年一个历代为官的官宦之家，武氏祠是其家族墓地的统称，包含至少三座祠堂及众多墓室、墓碑、石阙等，其中，武梁祠是唯一可以确认身份的祠堂。关于武氏祠的记载，最早出现在宋金石学家赵明诚的《金石录》中，在文学家欧阳修的《集古录》中也有其身影。武梁祠是整个武氏祠的核心和精华所在，被誉为研究汉代历史的"百科全书"。

经过配置复原后的三个祠堂现存画像石39石，题材内容十分丰富，大体可归为三类：社会生活类，神仙祥瑞类，历史故事类。

社会生活类的题材有车马出行、楼阁尊居、宴饮庖厨、乐舞百戏、水陆攻战等内容，展现了祠主生前的地位和生活。

神仙祥瑞类是画像中极为精彩的部分，描绘了汉代人所想象的仙人、祥禽、瑞兽等形象，反映了汉代人们对鬼神的迷信，对"长生不死""得道升仙"以及驱鬼辟邪、祈求平安的幻想。

历史故事画像数量相当多，从帝王到先贤、从刺客义士到孝子烈女，从儒家宣扬的忠孝节义等伦理出发，起到教化世人的功用。

武梁祠画像石的雕刻技法和风格较为一致，主要采用凿纹地平面线刻的形式，雕琢他们理想的"世界"，画面布局严谨，雕刻精细，呈现出丰富多彩的生活场景。无论是其内容的丰富还是雕刻技法，都达到了汉代石刻画像艺术发展的高峰。

早在宋代，便有了对武梁祠的考察研究，1061年，欧阳修在《集古录》中收录了武梁祠两块碑的碑文；1117年，金石学家赵明诚在《金石录》中记录了武梁祠；到了清代，金石学家黄易在1786年对掩埋在泥土中的武梁祠，进行了发掘、整理和记录，武梁祠得以重见天日；19世纪以来，多位中外学者对武梁祠进行过研究著述，武梁祠得以名扬于世，成为中国汉画像石艺术的代表。

吴白庄画像石
——坚石镌世俗

七十六

文物登记卡	
名　　称	吴白庄画像石
所属年代	东汉
文物类别	石刻
出土地点	山东临沂市南吴白庄村
收藏地点	临沂市博物馆

秦汉时期　盛世雄风

吴白庄汉画像石墓是目前国内发现最为精美的大型汉代画像石墓，其规模宏大、形制较为复杂，雕刻技法丰富，反映了汉代物质、精神文化的高度繁荣，达到了汉画像石雕刻艺术发展的顶峰。

吴白庄汉画像石墓是一座半地上砖石合建墓，位于今山东临沂城南的吴白庄村北。整座墓葬坐北朝南，由墓道、墓门、前室、中室、西后室、东双后室、东一耳室、西两耳室、回廊共同组成，总面积135平方米。

墓室画像主要集中在墓门的门楣和门扉，前室和中室的门楣、隔梁及立柱之上。刻画在前、中室门楣的部分画像具有连贯性，以车马出行为主体，画面丰富，构图复杂。这部分连贯的画像总体上可分为两条线路：一条线路从前室门楣出发，表现了一队连续的车马出行及过桥的场面，队伍中有人捧盾送行，车队前方有导骑，还有庖厨、宴饮、乐舞、奏乐、百戏的内容；另一条线路刻画了墓室中规模最大的车马队伍，队伍中有车辆和骑吏、步卒，这列队伍从象征内寝的西后室出来，绕过中室和前室后壁的西部，来到中室前壁门楣上，这里刻画了众多人物跪拜的场景，人物均头戴进贤冠，朝向体形高大、呈端坐姿势的墓主。这两条线路分别描绘了从前室赶来，跪拜墓主的众人，还有从西后室出来，接受众人跪拜的墓主队伍。

墓室前、中室的隔梁画像主要分为东、西两部分。东部描绘乐舞侍奉，与门楣上的庖厨宴饮、乐舞百戏相连；西部则描绘了以西王母、东王公为中心，大量神仙、神兽出行的场景。在前室西过梁南壁支柱上和前室中过梁北立柱上，还有两幅胡人力士画像，画像中的胡人形体丰满，面部凸起，眼窝深陷，鼻梁挺拔，正用力驮着柱子，给人一种承重时的压迫和紧张感。同时，部分雕塑的下部，还雕刻有鸟、兔等轻巧的小动物形象，体现了西式写实与中式写意的结合，这是汉代中外文化交流融合的一个证明。

吴白庄汉画像石墓出土画像石44块，画面59幅，画像内容涵盖了汉代社会的各个方面。

汉代的工匠已经掌握了多种画像石雕刻技法，他们雕刻出的作品同时还显示出西方雕刻艺术的特征，这在全国其他画像石墓中罕见，是汉代文化与西方文化交流的见证，更对汉代以后的美术发展产生了巨大而深远的影响。

七十七 张迁碑
——汉隶后世典

文物登记卡

名　　称	张迁碑
所属年代	东汉
文物类别	石刻
文物尺寸	通高292cm　宽107cm　厚20cm
收藏地点	泰安市博物馆

已录入

书法之美，源于汉字之美，源于中华文明数千年的文化积淀。齐鲁大地自古人文荟萃，圣贤辈出，3000多年间造就出醇厚深沉、端雅平和的齐鲁书风，尤其是山东境内的秦代刻石、两汉碑简、北朝摩崖等，更是书法发展史上不可或缺的组成部分。因此，有"天下汉碑半山东"之说。

　　这件《张迁碑》立于与济宁相邻的泰安境内，又名《张迁表颂》，全称《汉故谷城长荡阴令张君表颂》，是东汉晚期的一件隶书书法作品。此碑不仅具有极高的书法艺术价值，还承载着丰富的历史文化内涵，是汉代碑刻中的瑰宝。

　　此碑石于东汉灵帝中平三年（186年）立碑于山东东平县，碑高292厘米，宽107厘米，碑圆首无穿，原座已失。全文共902字，包括碑额、碑阳和碑阴三部分。其中碑额题"汉故谷城长荡阴令张君表颂"12字，额字独呈扁形，书意在篆隶之间；碑阳正文15行，每行42字，共567字；碑阴3列，上2列19行，下列3行碑文，主要刻有立碑官吏41人衔名及出资钱数。碑首及碑侧浮雕龙凤及人物，其装饰、雕刻技法未见有同例。碑文着重宣扬张迁及其祖先张仲、张良、张释之和张骞的功绩，并涉及黄巾起义军的有关情节，具有很高的史料价值。

　　张迁，字公方，陈留己吾（今河南宁陵境内）人。曾任谷城（今山东东平县一带，汉代属于东郡）长，迁荡阴（今河南汤阴县）令。他勤政爱民，体恤百姓，深受当地人民爱戴。中平三年（186年），其部下韦萌等人为纪念张迁的功德，便篆刻了此碑。碑文书法多别体，由佚名书法家书丹（用朱砂直接将文字书写在碑石上），东汉刻工孙兴刻石而成。

　　《张迁碑》是东汉隶书成熟时期的作品，书法造诣高，字体端直朴茂，雄强遒劲，字里行间流露出率真之意，没有一丝雕琢的痕迹，可谓是汉隶方笔系统的代表作。此碑自出土以来，为历代金石、书法家所推崇，被奉为书法临摹的范本，具有重要的历史、艺术价值。

七十八

乙瑛碑
——探访汉之碑

文物登记卡		
名　称	乙瑛碑	
所属年代	东汉	
文物类别	石碑	
文物尺寸	原碑：高198cm　宽91cm　厚20cm 碑座：高25cm　长120cm　宽99cm	
收藏地点	曲阜汉魏碑刻陈列馆	

212　齐鲁瑰宝

《乙瑛碑》，全称《鲁相乙瑛请置孔庙百石卒史碑》，东汉永兴元年（153年）立于山东曲阜孔庙。这是一块无碑额方首碑，造型比较简单，碑呈长方形，碑的上半部分保存尚好，下半部分毁坏处较多，碑的中间位置有一道裂痕。碑的两侧刻着连绵不绝的蔓草纹图案，具有吉祥寓意。

碑文为隶书，阴刻18行，每行40字，内容为司徒吴雄、司空赵戒就鲁国前国相乙瑛请求为孔庙设置守庙百石卒史碑的奏书及司徒、司空府和鲁相选任百石卒史的公文。

乙瑛修建孔庙是为了长久地礼赞孔子，但是其后人总是祭祀完毕就会离开，庙中的祭祀礼器等无人管理，所以乙瑛请求为孔庙设立百石卒史，专门管理执掌礼器庙祀事宜。司徒吴雄、司空赵戒就乙瑛这一请求奏书皇帝，得到批准后，他们一起确定选拔条件，最终选任孔和为百石卒吏。

这篇碑文记载了朝廷与地方公文文书往来的过程，这不仅展现了朝廷和官员高效有序的工作过程，也热烈赞颂了为孔庙发展做出贡献的鲁相乙瑛、县令鲍叠等官员，属于颂德碑，碑末有宋代题刻。碑的背面无刻字，在碑正面正文后用楷书刻有"后汉钟太尉书，宋嘉祐七年（1062年），张稚圭按图题记"18字。

此碑是汉隶成熟期的典型作品，笔法苍劲，用笔丰腴浑厚，捺笔沉稳有力，骨肉均衡，结体方正，有文士风度。

隶书起源于战国晚期，盛行于汉代，汉代之后，逐渐走向衰落。宋、元、明三朝学习隶书者极少，北宋欧阳修《集古录》等金石学家的著录中有对碑刻的详细记载，但是书法家对隶书的学习始终没有追溯到汉代碑刻。直到明末清初，访碑活动逐渐盛行，书法家们开始模仿非名家所书刻的汉碑，再加上大批金石学者到全国各地探访汉碑，众多金石文字、碑刻遗迹被发掘出来，《乙瑛碑》就是其中之一。

孔庙内除了《乙瑛碑》外，还有《礼器碑》《史晨碑》，三碑均呈长方形，合称"孔庙三碑"，是汉代隶书成熟的标志作品，将中国的碑刻隶书推上了隶书的顶峰，为后世书法家研究隶书做出了巨大的贡献。

碑刻作为书法史上的重要文物，是会说话的石头。汉朝时期隶书字体的成熟促进了碑刻端庄大气风格的形成。受儒家思想影响，汉代全国上下注重礼制、孝廉，厚葬之风盛行，因此当时立碑风靡，甚至出现了为立碑而倾家荡产的现象。山东是全国汉碑最为集中的地区之一，现存汉碑33件，不仅数量众多，且保存完整，在汉代石碑发展中占有非常重要的地位。

东平壁画
—— 鸡犬声声闻

七十九

文物登记卡

名　　称	东平壁画
所属年代	东汉
文物类别	壁画
文物尺寸	通高128cm　通宽96cm
出土地点	山东泰安东平县商城
收藏地点	山东博物馆

已录入

秦汉时期　盛世雄风

东平汉墓壁画是山东迄今发现年代最早、保存最完好、艺术水平最高的壁画作品。壁画色彩艳丽、线条灵动绝妙，不仅填补了山东省汉代壁画的空白，在全国也较为罕见。

2007年10月，在东平县城老物资局建筑工地清理发掘的18座汉代墓葬中，有三座墓室发现彩色壁画，其中以1号墓的壁画最为精美，时代约为西汉末年到东汉早期。内容包括敬献、谒见、斗鸡、宴饮、舞蹈等场面，各类人物形象多达48人。壁画色彩艳丽，线条灵动绝妙，实属汉代墓室壁画的杰作。

墓前庭顶部为一幅壁画，画中绘制有云气纹及红日、金乌。云纹勾卷，线条优美，色彩鲜艳。云纹中绘一轮红日，红日内金乌展翅飞翔。古人认为太阳里有一只三脚乌鸦，因此"金乌"其实就代指太阳。将金乌绘于墓室顶部，是希望墓主人死后也能看到日月星辰。汉代人认为，死后灵魂不灭，可以"升仙"，是生命的另一种延续，云气环绕是升仙时的景象，因此汉墓中也常见云纹。

墓壁和门楣以人物画像为主，墓门门楣是由外部世界进入墓葬的入口，相当于住宅大门，为整座墓的最外端，其重要性不言而喻。在汉代墓室画像中有一些武士形象，他们多与神仙的画面一起绘于墓门上。他们有的身强体壮、威风八面、孔武有力、武艺高强；有的佩戴各种武器；有的面目狰狞，凶神恶煞。这些形象一方面体现了汉代是一个尚武崇勇的时代，另一方面也起到驱逐鬼怪、辟邪镇墓的作用。

这块门楣石分南、北两块，除了两个是冠带飘飘的文人之外，其余十人皆袍袖高挽、须发飞扬、佩戴刀剑，一副武士打扮，透露出墓主人希望在死后的世界中依旧能够安宁生活的愿望。

墓室西壁南侧壁画上层绘宴饮乐舞场景，下层为方相氏驱疫图。宴饮图中有四人对饮，同时，欣赏着舞蹈杂技伎女的优美舞蹈，神情怡然自得。方相氏是旧时民间普遍信仰的驱疫避邪之神，壁画中他发须张扬，眉毛斜竖，大眼圆瞪，面相丑陋，似乎嘴里念念有词，只见他左手持盾，右手持斧，凶恶狰狞地呵斥着恶鬼。

墓室西壁南侧还有一幅壁画。壁画上层，一蓝衣女子伸手似在接物，其前一人双膝跪地，手持笺状物呈上。下层有人物拜谒、喂鸡养狗等生活场景，透露出了墓主人对世俗生活的眷恋，他依然希望在另外一个世界能够过上这般舒适的生活。更重要的是，永生升仙的愿望在汉代也非常盛行，墓主人也希望自己的灵魂能够飞升仙界，与仙人来往。

魏晋南北朝乱世清流

青釉胡人骑狮器
——胡汉广交流

〔八十〕

文物登记卡	
名　称	青釉胡人骑狮器
所属年代	西晋
文物类别	瓷器
文物尺寸	通高18.9cm　长14.2cm　宽8.5cm
出土地点	山东临沂洗砚池晋墓
收藏地点	临沂市博物馆

已录入

　　西晋时期胡人南迁达到了高峰，南迁之后其汉化程度也随之加深，由此带来的便是胡汉文化的交融，此器便是典型的写照。

魏晋南北朝　乱世清流

此器中的胡人浓眉大眼，两眼圆睁，高鼻大耳，络腮胡须，髭（zī）上翘；头戴着网纹卷沿的高筒帽，帽筒很高，工匠顺势将其制成孔，帽后垂下两条交叉的带子；其上身穿饰有联珠纹沿边的短衣，从出土汉晋时期的衣服实物来看，此类服饰多流行于新疆等地，为西域胡人的常见衣饰；其下身穿的是装饰有圆圈和十字纹的衫裤，脚上一双精致的网纹履。专家考证，魏晋时期尖顶高帽为胡人主要特征，大概是今新疆地区的装束。

胡人坐下是通体施青釉卧狮，身材圆鼓，怒目圆睁，张开大口，露出锋利的獠牙，颌下长着浓密的胡须，两耳下方有直挺的鬃毛。它的长尾呈树叶状下垂，尾尖微微上卷，匠人完美地模拟了狮子的神态，可爱中又不失写实。胡人端坐在狮子背上，左手揪住胯下神兽的耳朵，右手执便面于胸前，目视前方。

中国本土没有狮子，狮子主要分布在非洲及西亚地区。据《汉书·西域传赞》载，汉武帝时期通西域后"钜（jù）象、师子、猛犬、大雀之群食于外囿"，许多本土未有的动物也随之传入。中国的狮子大概是经过丝绸之路进入新疆再进入中原的，后来随着佛教的传播，狮子常常作为坐骑与佛像一起出现，带有浓厚的宗教色彩，中国匠人便按照本土习俗对其进行二次创作，赋予它们福祉、辟邪功能，制作出很多民间辟邪纳吉的日用器物。

关于这件器物的用途，学界存在不同的观点，有人认为将水由顶部胡人帽子的插孔处灌入，以供文人墨客研磨之用，所以其应是文房用品"水注"，且根据其出土地为洗砚池晋墓，恰好在书圣王羲之的故居内，所以此说法较可信。另有一部分人认为其胡人帽子上的插孔为插蜡烛所用，因为其有管无流不像盛水的样子，与砚、笔筒等文具不相匹配。

这件器物无论是烧制工艺还是人物刻画上，都可以说是一件难得的艺术精品，是研究晋代文化重要的标志器物，反映了西晋时期民族大融合的社会现象。中华民族源远流长，各民族在融合中走向了统一，在统一中走向繁荣，和而不同，美美与共。

齐鲁瑰宝

青釉莲花尊
——莲瓣绽交融

八十二

文物登记卡

名　　称	青釉莲花尊
所属年代	北朝
文物类别	瓷器
文物尺寸	通高59cm　口径13.1cm　足径16cm
出土地点	山东淄博淄川区龙泉镇和庄村
收藏地点	淄川博物馆

已录入

魏晋南北朝　乱世清流

淄博是我国有名的瓷都，已有1700多年的瓷器生产历史，不仅生产规模大，而且种类齐全，技艺先进，北朝时期更是烧制出了青釉莲花尊这样的北方瓷器代表之作。

　　此尊平唇，喇叭口，长颈，椭圆腹，高圈足。颈部饰八周凹弦纹，肩部饰一周绳纹。下有4个复式耳系，耳间模印4组宝相花图案，每组3朵，一大两小。腹上部采用堆塑的手法，以21朵仰覆的莲花瓣吻合而成，莲花丰硕，瓣尖翘起，腹中部则模印了两周忍冬花纹与莲瓣争奇斗艳。腹下部装饰有一周穿插交错、彼此相连的仰莲纹，每层各11瓣。底部为高圈足，饰有11瓣覆莲纹。若是从俯视角度观看，向外舒展的莲瓣纹层层交叠，在器身上绽放出勃勃生机。

　　此尊尊体全身施以青釉，釉色青中泛黄，光亮滢润；其胎体浑厚，器形高大，制作工艺综合了雕刻、刻画、模印、贴花等装饰方法。可见，当时的工匠们已经具备高超的技艺水平。

　　在佛教艺术中，莲花代表"净土"，寓意吉祥，象征"自性清净"。南北朝时期，佛教文化盛行，随着佛教的大力发展，佛教元素被广泛地融入瓷器设计之中，因而出现了大量以莲瓣纹为主题纹饰的瓷器，这也是南北朝瓷器最重要、最具时代特征的标志。同时，此时期与中亚、西域等地往来频繁，西域的忍冬纹也被移植到了瓷器上，成为一种常见纹饰。

　　青釉莲花尊在我国南北朝时非常流行，截至目前全国已发掘出土的有十余件，这些莲花尊，均是器形高大，釉色青绿，整器将多种技法施于一体，纹饰繁缛，上下辉映，仅有因南北区域不同而造成的胎、釉的细微区别。它们代表了南北朝时期制瓷的最高工艺水平，从这些相似的时代器物中，可以窥见当时南北之间陶瓷艺术的相互交流。

　　唐以前的尊一般都是盛酒器，青釉莲花尊与佛教之间关系密切，酒在佛教中被视为禁物，所以它应该不是用来盛酒的，另外青釉莲花尊大多出自墓中，而且墓主有一定社会地位，由此推断，它应是南北朝时期上层社会使用的带有宗教意义的随葬器。

蝉冠菩萨像
—— 秀骨多磨难

〖八十二〗

文物登记卡

名　　称	蝉冠菩萨像
所属年代	东魏
文物类别	造像
文物尺寸	通高120.5cm
出土地点	山东滨州博兴县
收藏地点	山东博物馆

已录入

魏晋南北朝 乱世清流

这尊蝉冠菩萨像出土时就已断为三截，双手小臂及足部残缺，但依然难掩其动人风采。这尊造像是典型的东魏时期作品，雕工精细，形态优美，尽显北朝时期"秀骨清像"的特点。

菩萨头微前倾，嘴角微翘，面含笑意；头饰花鬘（mán）宝冠，宝缯（zēng）下垂遮耳，两肩各联一圆饼形饰；头后有巨大圆形头光，中心浮雕覆莲，外刻六个同心圆，上有彩绘，可惜多已脱落。

菩萨上身着天衣、颈饰、璎珞、项圈、悬铃；另有璎珞、帛带自两肩下垂，交叉于腹前，垂至膝下绕向身后，腹前交叉处装饰一颗硕大的宝珠。下身着长裙，裙裾褶皱密集，两边髋下饰佩，腹部微凸。

这尊造像最特别之处是菩萨宝冠正中雕刻了一只醒目的蝉，静态蛰伏，羽翼丰满，在佛教造像中极为罕见，因此被命名为"蝉冠菩萨像"。在古代，蝉被视为高洁、清雅的象征，其蜕变过程常被赋予重生的寓意。蝉冠原为世俗高官、显贵的象征，而佛教蝉冠则以蝉的生死循环，表达了佛教的轮回观念。这件蝉冠菩萨像也是中国古代最早的"蝉冠"实物资料，目前仅见两例。

蝉冠菩萨像不仅极其珍贵，其命运也堪称多舛，1976年，其出土后即流散民间，经多方搜集才最终拼接成一尊断臂的菩萨像；1994年7月，蝉冠菩萨像不幸被盗，此后几年间杳无音信；直到1999年，中国社会科学院考古研究所才得知了造像的下落——已被转卖至日本美秀博物馆。经过多方努力和国际舆论的关注，2008年1月，这尊在外流浪了14年之久的蝉冠菩萨像终于回到祖国的怀抱，入藏山东博物馆。

贴金彩绘石雕佛立像

——青州微笑恬

八十三

文物登记卡	
名　　称	贴金彩绘石雕佛立像
所属年代	北齐
文物类别	造像
文物尺寸	高115cm　宽23.5cm　厚13cm
出土地点	山东潍坊青州龙兴寺遗址
收藏地点	青州市博物馆

已录入

魏晋南北朝　乱世清流

这尊佛像为圆雕立像，石灰石质。螺发高髻，眉目清秀，眼角微微下弯，嘴角有着淡淡的笑意；他的左手向前微微推出，施与愿印；右手举在胸前施无畏印。佛像通体贴金彩绘，身着田格纹通肩袈裟，面、手、足保留有贴金。这在以往的佛教艺术考古中极为少见，雕塑与赋彩巧妙结合，其装饰技法和艺术效果独树一帜。领缘、衣缘部分则饰宝蓝色，周身以朱砂、石绿、宝蓝、赭石等色组成田相图案。整件佛衣光彩夺目，熠熠生辉，绘工精细考究。

青州佛像的突出特征是他们的微笑，无论是主尊还是胁侍菩萨，都呈现出一副笑意盈盈、喜不自禁的样子，充满宁静、温暖、平和、慈善之美，这种微笑被形容为"最美的东方微笑"，也有人称为"青州微笑"。

"青州微笑"造像的艺术风格独特，既有北魏时期的"褒衣博带""瘦骨清像"，也有东魏、北齐时期的圆润柔美、潇洒飘逸。尤其是北齐时期的造像，更是达到了佛教造像艺术的一个高峰。

中国佛造像的最高水准是北齐，北齐造像的巅峰在青州龙兴寺。这些佛像不仅仅是一种艺术表现形式，更是一种文化现象，反映了当时人们对佛教的信仰和追求，也体现了在战乱频繁、社会动荡的南北朝时期，人们普遍通过宗教信仰寻求心灵慰藉和精神寄托的心理。

● **小知识：龙兴寺遗址**

　　龙兴寺遗址位于山东省潍坊市青州市，于1996年被发掘，该遗址被列为当年中国十大考古发现之首；2021年入选"百年百大考古发现"，被人们誉为"改写世界美术史"的发现，轰动国内外，享誉世界。

　　该遗址出土的佛教造像在造型上主要有两类，一类是北魏、东魏时期的背屏式造像碑，另一类是北齐时期单体圆雕的佛、菩萨像。

　　北齐时期的造像身形更加清瘦，身上的袈裟不再是褒衣博带，而是类似"曹衣出水"的贴体轻薄。所谓"曹衣出水"，原指北齐画家曹仲达独特的绘画技巧，其特点是用细笔勾勒出紧密的衣褶，仿佛薄纱披身，又如刚从水中捞出一般，给人以湿润的质感。龙兴寺是"曹衣出水"风格唯一留存至今的石刻范例，这尊石雕佛造像便是这一风格的承袭者。

　　北齐是一个极度崇信佛教的短暂王朝，当时国内上下无不争相竭财侍佛。据记载，北齐境内有寺院4万余所，僧尼达200多万人，占国内人口的十分之一，崇佛程度可见一斑。崇佛盛况必定带来佛教艺术的繁荣，但是像青州龙兴寺窖藏大量北齐佛教造像的地方却很少，大多已损毁严重。

　　龙兴寺历经多个朝代，这些造像不仅见证了佛教文化的繁荣，更让我们看到了不同时期社会、政治、文化取向对于佛教艺术的影响，为研究北齐佛教艺术提供了丰富、翔实的资料。

隋唐宋金
唐风宋韵

象首圈足辟雍青瓷砚
——水池环"大学"

〔八十四〕

文物登记卡

名　　称	象首圈足辟雍青瓷砚
所属年代	隋代
文物类别	瓷器
文物尺寸	通高9.5cm　口径20.2cm　底径28.2cm
出土地点	山东济宁兖州区城郊乡旧关村
收藏地点	兖州博物馆

已录入

　　辟雍最早可追溯到西周时期，本为周天子所设大学，是专为贵族子弟提供教育的地方。其建筑布局往往坐北朝南，以圆形为主，四周以回廊和水池环绕，象征着王道教化圆满不绝。池上架有石桥，通向辟雍的各个门。东汉以后，历代皆有辟雍，作为尊儒学、行典礼的场所，除北宋末年

隋唐宋金　唐风宋韵　　229

为太学之预备学校外，多为行乡饮、大射或祭祀之礼的地方。

辟雍砚便是仿照辟雍的样子制成的砚台，在瓷砚的发展史上，是颇为独特的一种造型。辟雍砚起源于魏晋南北朝时期，盛行于隋唐。魏晋南北朝时期，由于制瓷业的迅速发展，陶瓷砚台大量涌现，这也是隋唐时期辟雍砚的前身。

这件象首圈足辟雍青瓷砚砚体青中透绿，器身呈圆形，砚堂高起，堂面低平如丘，四周墨槽环绕。砚面居中，呈辟雍形，有砚墙、水池、中间为雍台，台面有斑点，粗糙不平。台下呈斜坡状伸向水池与砚墙相连，斜坡一周印有八组水鸟喙鱼图，更为奇特的是砚下圈足部分，由28个象头圈足围成，底部内凹，砚外部施青釉，釉色均匀，光泽温润，内部无釉，以便更好地使用。流传下来的隋唐砚台多以石砚和陶砚居多，瓷砚较少，这件青瓷辟雍砚便更为珍贵。

兖州博物馆

"天风海涛"琴
——四代皇室传

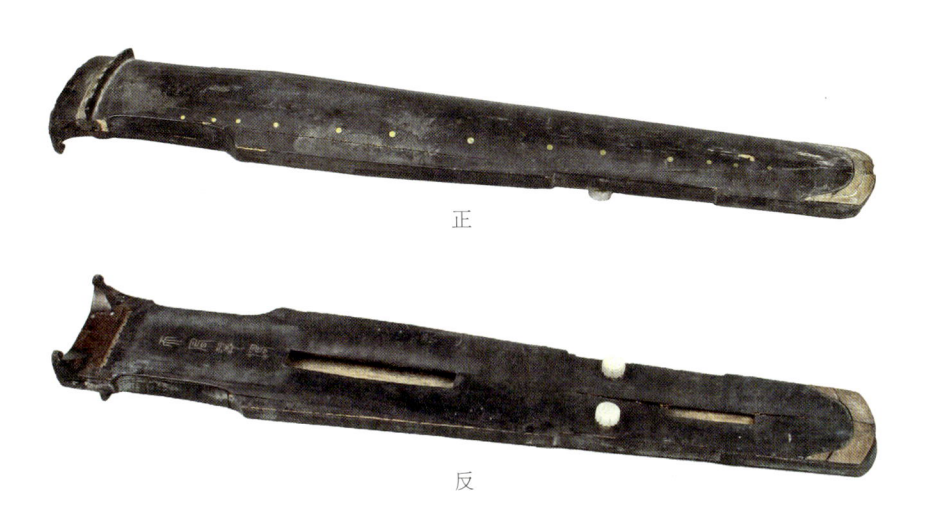

正

反

文物登记卡	
名　　称	"天风海涛"琴
所属年代	唐代
文物类别	乐器
文物尺寸	通长121cm　肩宽19.5cm　尾宽13cm
出土地点	山东济宁邹城明鲁王朱檀墓
收藏地点	山东博物馆

已录入

"天风海涛"琴琴式相传为孔子创制,工艺出自唐代制琴名匠雷威之手,却出土于明代鲁王朱檀之墓。

古琴,又称瑶琴、玉琴、丝桐和七弦琴,是中国传统拨弦乐器,有三千年以上历史,东汉晚期定型为后世通用的形式,到唐代已经达到相当高的制作水平。在中国古代,"琴棋书画"历来被视为文人雅士修身养性的必由之径。而在这四者之中,古琴以其独特的清逸、和谐、淡泊与雅致,傲然屹立于首位。其不仅体现了文人高洁傲岸的精神风貌和超脱世俗的生活态度,更是成为文人雅士精神世界的重要象征。

古琴由琴面、琴底、琴首、琴轸(zhěn)、琴腹、琴徽、雁足等部分组成,琴一般长三尺六寸五,象征一年365天(一说象征周天365度),13徽象征一年12月及闰月,宽六寸,象征六和。

中国古琴的制式丰富多样,鲁王朱檀的这张"天风海涛"琴,属仲尼式琴,造型简洁流畅,只在琴体腰部和项处各呈方折收束,通体没有任何其他修饰,含蓄而大方的造型最能体现儒家思想中庸内敛的风格。

琴身由桐木制成,通体髹黑漆,纹如蛇蚹(fù),底为梓木;琴七弦已缺失,仅存调弦用的7个玉轸;13徽由金片镶嵌而成;琴底2雁足为玉雕仰莲形,有长条形龙池和凤沼两共鸣槽,龙池与琴轸间刻篆书"天风海涛"4字;龙池内有墨书两行:"圣宋隆兴甲申□□,大唐雷威亲斫(zhuó)。"

雷威是唐代制琴名匠。唐代时,蜀中雷氏家族以制琴闻名,其中又以雷威最为有名,他制作的琴被誉为绝世珍品,大多被皇室贵族收藏。这把"天风海涛"琴也一直是皇室的珍藏品。推测入明后,为明鲁王朱檀所得。如今琴虽无法弹奏,但依然堪称稀世珍宝。

- **小知识：明鲁王朱檀墓**

　　明鲁王墓，又名鲁荒王陵，鲁王即明太祖朱元璋第十子朱檀。墓园位于山东省济宁邹城市区东北12.5公里处，距今已有600多年历史，规模庞大，气势庄严。现存墓园由外城御桥、内城、鲁王朱檀和其妃戈氏墓等组成。其中，共出土文物1000余件套，部分文物是首次发现，且保存较好，不乏文物珍品，如织金缎龙袍、双层透雕玉带、唐"天风海涛"琴、宋高宗题"葵花蛱（jiá）蝶"扇面、元钱选白莲图卷等，具有重要的历史价值，堪称明代亲王第一陵，是山东省出土文物最丰富的明代墓葬。

[八十六] 磁青纸金银书画《妙法莲华经》（存六卷）

—— 经变吴家样

文物登记卡

名　　称	磁青纸金银书画《妙法莲华经》（存六卷）
所属年代	北宋
文物类别	经画
文物尺寸	全长1172.8cm　宽31.1cm
收藏地点	青岛市即墨区博物馆

已录入

《妙法莲华经》又称《法华经》，是大乘佛教的主要经典之一，被誉为"经中之王"。传说这部经文记载了佛陀释迦牟尼在灵鹫山讲经的语录，开示人人皆可成佛的大乘奥义。历史上，这部佛经曾被多次以金银书画的形式精心抄写，其中北宋时期的抄本尤为珍贵。

　　这幅《妙法莲华经》是用宋代精制磁青纸书写，共七卷，28品，6万余字，其中第1、2、3、4、5、7卷收藏于青岛市即墨区博物馆，第6卷藏于胶州市博物馆。

　　此经卷为四川何子芝家族在北宋庆历四年（1044年）为供养其亡母而修造，明朝时做过一次增补修缮。每卷之前有经变故事，各卷卷前有金银泥绘制的内容丰富的经变画，部分经纸有银丝栏，框高22.5~23厘米。经文用金银泥书写，楷书字体，凡经名与菩萨、如来、世尊诸佛名皆为金书，其余为银书。各卷卷前图画，一般包括护法神像、经变画、供养人像、如来说法图等。如来说法图皆如来居中，并绘梵王、帝释、天王、菩萨、比丘弟子等，其中如来、梵王、天王、菩萨等为金面，其余为银面。各卷卷前经变画，沿袭了唐代吴道子的"吴家样"风格。

　　此经的精贵之处在于经文所用材料和其中的书法艺术。全经均为卷轴装、装帧精美。纸张采用磁青纸，有不易腐朽、不易虫蛀的特性，更适合保存；金泥、银泥更是宝贵，《汉书》记载，金泥、银泥是古代封禅书写的材料，以水和金粉或者银粉混合制成，用来封玉牒（dié）。各卷卷前经变画，沿袭了唐代艺术风格，是佛经中的瑰宝和绘画艺术的精品，对研究中国美术史、宗教史以及科学技术史都具有重要的价值。

　　自隋朝开始，佛教出现宗派，为了宣传宗派学说，获得群众支持，宣讲时多使用俗语，并把经文的重要内容用图画的形式展现，达到通俗易懂的效果，经变画便是由此产生，这不仅加快了佛经的传播，也扩大了佛教的影响力。

　　在经变画发展史上，唐代吴道玄占有十分重要的地位。吴道玄原名道子，在唐代有"冠绝于世，国朝第一"的美誉。其笔下人物、鬼神、山水、草木、宫殿、禽兽，无所不精，对释道人物画更有重要贡献，他创造的人物画的淡着色风格被称为"吴家样"。宋人称他为"画圣",称其风格为"吴带当风",众多画家争相模仿他的式样,五代、北宋时期的释道人物画家,基本上都以他为榜样。

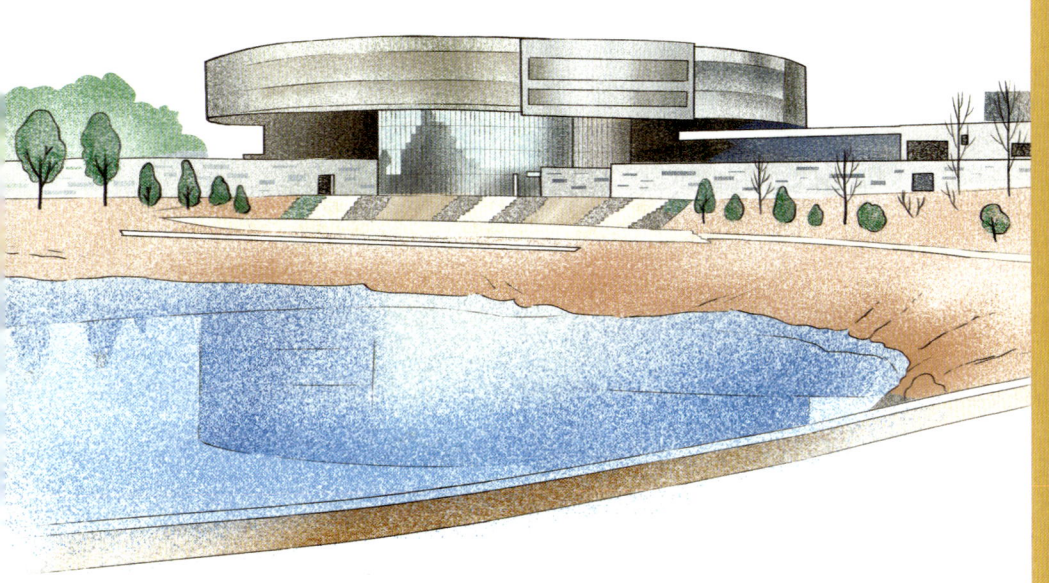

青岛市即墨区博物馆

〔八十七〕 无款《葵花蛱蝶扇面图》卷
—— 佳作皇家藏

文物登记卡

名　　称	无款《葵花蛱蝶扇面图》卷
所属年代	宋代
文物类别	绘画
文物尺寸	纵32cm　横48.5cm　画心纵24.3cm　横25.5cm
出土地点	山东济宁邹城明鲁王朱檀墓
收藏地点	山东博物馆

　　鲁荒王朱檀墓原本出土了四卷扇面，不过因时间太久，墓室又常年积水，加上纸质不易保存，早已损耗，只剩下两卷，这件《葵花蛱蝶扇面》是其中保存最好的一卷。

238　齐鲁瑰宝

此卷为绢本设色，分为甲乙两面，两面都有字画，两面都无落款。正面绘制了色彩斑斓的蜀葵和蛱蝶。画面上，几朵金黄色的花朵盛放，红色的花蕊如樱桃般鲜艳，叶子经脉清晰可见，细致入微。一只小蛱蝶闻香而至，在花朵间翩跹起舞。上方有题签"日字一四八号"。背面则以金字草书书写了一首七绝："白露才过催八月，紫房红叶共凄凉，黄花冷淡无人看，独自倾心向夕阳。"笔法婉丽，意境幽深，但却没有落款，无法判定其作者是谁。画的上方钤有一方朱文印章"皇姊图书"，是元代鲁国大长公主的收藏印，表明这幅画曾是鲁国大长公主祥哥剌吉的收藏。在字画上钤印，是多见于宫廷内府皇室收藏的一种现象，代表收藏之精。

　　据《墨缘汇观》记载："考大长公主凡所藏名书画，皆命冯子振及赵岩、张圭等题识。"此图卷也是如此。扇面后为题跋部分，首为元人冯子振题诗并序——"宋高宗德寿宫题葵花扇面，后二百年，人间得之，以为珍玩，三叹物色，敬书二十八言：绘墨清新德寿宫，戎葵生意畅西风，金晖留照倾心躅（zhú），秋在黄裳正色中。海粟道人冯子振百拜。"后面还接有元人赵岩的题诗："香凝御墨晓凉催，不与凡华一样开，日落中原何处在，倾心谁与酹（lèi）金杯。"

　　画卷上的这些题跋、印章等记录，不仅使得画卷更加美观，也是判定画卷时代、真伪的重要信息。正是因为有冯子振的这段跋文，后人才得以确认乙面题诗为南宋开国皇帝宋高宗赵构的亲笔。赵构擅长书法、绘画，尤其在书法上造诣极高，从这行云流水般的题诗便可看出其艺术水平。

　　明初以后，此卷又辗转成为朱元璋第十子朱檀的收藏，朱檀少年薨（hōng）逝后，它也随之葬入明鲁王墓。直到1971年，在考古工作者们的发掘和保护下，这卷极富传奇色彩的扇面珍品才得以重现人间。

　　此卷历经宋、元、明三朝皇室收藏，足见其价值之珍贵。它对于研究宋代书法绘画、元明皇室收藏史有着重要意义。

隋唐宋金　唐风宋韵

元明清 浮世风华

青花龙纹梅瓶
—— 潜龙眠深水

〖八十八〗

文物登记卡

名　　称	青花龙纹梅瓶
所属年代	元代
文物类别	瓷器
文物尺寸	通高43.5cm　口径6.5cm　腹径23.5cm　足径16.5cm
出土地点	山东菏泽国贸建筑工地元代沉船
收藏地点	菏泽市博物馆

已录入

元明清　浮世风华

元青花瓷器因存世量极少而显珍贵，菏泽市博物馆收藏的这件青花龙纹梅瓶，青花发色凝重艳丽，有晕散，色重处呈黑色结晶斑，是山东境内发现的唯一一件元青花龙纹梅瓶。

2010年9月，山东菏泽一场暴雨，让一艘埋藏了600多年的古沉船得以重见天日。当时山东菏泽市区国贸中心建设工地的施工人员正在抽取地槽积水，西北角被大雨冲出的木头引起了人们的注意，这正是沉船遗迹。考古人员对沉船发掘清理时，在船舱后部发现了两件破碎的青花瓷器，以及这件青花龙纹梅瓶，根据随船出土元代铜权上的铭文"至正十四年官造"，加之沉船未出任何明朝初期文物，合理推断该船沉没于1355年至1368年之间。沉船及周围还发现了陶瓷器、漆器、金器、玉石器等珍贵文物120余件。

此瓶胎体厚重，釉色温润，属于白地蓝花的高温釉下彩。胎体是白色，花色为蓝色，经过高温烧制之后图案被一层透明釉覆盖在下边。三道卷草纹将瓶身自上而下分割成三层：肩部饰有如意云头纹，云头纹内绘有缠枝菊花纹；腹部装饰的云龙纹头小、颈细、身修长，有细密的鱼鳞纹，龙爪生有三趾，肘部毛发多且飘逸，显得矫健威猛；足部饰有九个仰莲瓣纹，每个莲瓣内填充着花卉滴珠纹。

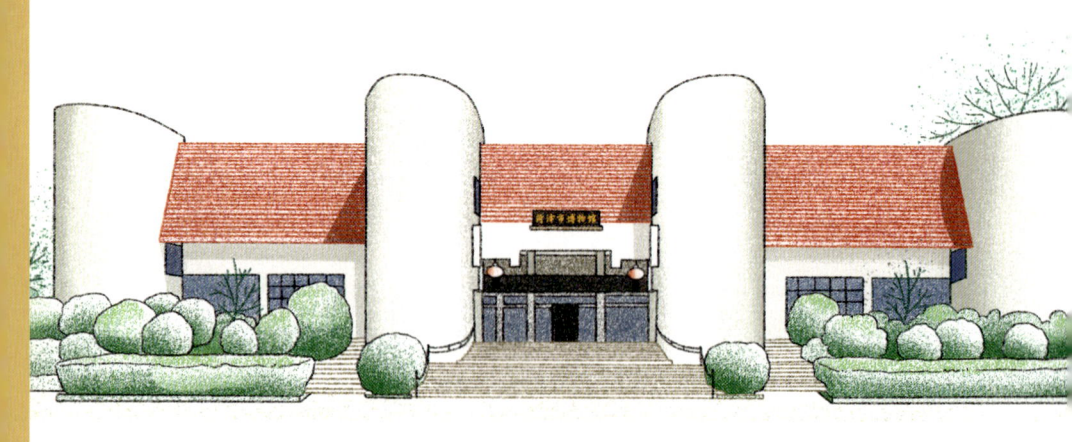

菏泽市博物馆

青花瓷制作始于唐代，兴盛于元代。成熟的青花瓷体系形成于元代中后期，青花瓷也成为元代最著名的工艺品代表之一，最著名的出品地是景德镇。作为元代的"爆款"，青花瓷经常通过丝绸之路中转到地中海，再运往西方国家，并成为中国的象征，英文"china"就来自宋朝以前景德镇旧称昌南的音译。

元代是南北文化大碰撞和大融合的时期，元青花与之前的青花相比，不再只有中原人的含蓄内敛，而是带着热情奔放的民族风格，视觉上给人以简明的快感，题材上更丰富多样。这种"混血"将青花绘画艺术推向顶峰，改变了以青白瓷为主的局面，明、清两代景德镇青花瓷成为中国瓷器生产的主流，并不断走向繁荣，长久以来一直深受海内外人士的喜爱。

八十九 赵孟頫书《雪赋》卷

—— 书文千秋绝

文物登记卡	
名　　称	赵孟頫（fǔ）书《雪赋》卷
所属年代	元代
文物类别	书法
文物尺寸	纵22.5cm　横192.9cm
收藏地点	山东博物馆

已录入

赵孟頫（1254—1322年），字子昂，号松雪道人，因所居之处有鸥波亭，亦被称为赵鸥波，吴兴（今浙江湖州）人。南宋晚期至元朝初期官员、书法家、画家、文学家，是宋太祖赵匡胤第十一世孙。

赵孟頫自幼聪慧，博学多才，精通诗词音律，擅长楷书、行书，同欧阳询、颜真卿、柳公权并称为"楷书四大家"。此外，他在绘画方面亦有极高成就，山水、人物、花鸟、竹石、鞍马无所不能，工笔、写意、青绿、水墨无所不精。

元朝建立之后，身为没落贵族的赵孟頫被征召为官，尽管屡经升迁，却并无实权，因此他潜心研究诗书画。他是上承晋唐、下启明清的一个重要的桥梁式人物。他的书法集晋唐书法之大成，兴复"二王"之书风，有"赵体"之称，名作有行书《洛神赋》卷等。

赵孟頫的行书《雪赋》有两个版本，一本为此件，书写于他45岁，即大德二年（1298年）；另一本书写于大德四年（1300年）他47岁时，现藏于台北故宫博物院。

此本《雪赋》为赵孟頫送给好友班彦功的一幅书法作品，班彦功曾经担任集贤殿侍制、江浙儒学提举，擅长诗文书法，还是位词曲家。作品书写的内容是南朝著名作家谢惠连的代表作《雪赋》，其沿用了汉赋中假设主客问答的形式，主人是西汉梁孝王刘武，客人是他的谋士司马相如、邹阳和枚乘，他们三位也是著名的辞赋家。开篇描写了下雪之前寒云四起、气氛冷肃的场景，中间一节写了雪景，最后以几支咏雪之歌结束。从酝酿降雪写到雪霁，展现了素净而奇丽的画面，采用比兴的手法讲述自己的际遇，引发出对人生无常的感慨，富有文学色彩。

这篇书法共有73行，每行有9至11个字，每隔一段文字有装饰性的乌丝栏。底部署名为："大德二年日短至，写与班彦功，子昂。"此外，还有一枚朱文印章"赵氏子昂"。另有他人题跋，对这幅手卷书法提出自己的艺术见解，分别为宋末元初文学家周密的行书、明代文徵明的小楷、明代顾璘的行书。周密是赵孟𫖯的好友，是当时的收藏家和诗人；文徵明为明代著名画家、书法家；顾璘为明代弘治至嘉靖时期的尚书，也是当时的文坛名人。

《雪赋》作为赵孟𫖯的代表作之一，展现了赵氏行书的独特韵味，它把谢惠连文采飞扬的作品，与赵孟𫖯遒劲秀逸的书风搭配在一起，可谓强强联合，是一幅不可多得的艺术珍品。

戗金云龙纹朱漆盝顶木箱

——金朱永不褪

九十

文物登记卡

名　　称	戗金云龙纹朱漆盝顶木箱
所属年代	明代
文物类别	漆木器
文物尺寸	通高61.5cm　宽58.5cm
出土地点	山东济宁邹城明鲁王朱檀墓
收藏地点	山东博物馆

已录入

明代鲁王陵位于山东省邹城与曲阜交界的九龙山南麓，是明太祖朱元璋第十子，也是首任鲁王朱檀及其妃子的墓葬。

鲁王朱檀生母郭宁妃深受朱元璋宠爱，在朱檀出生两个月的时候，就被封为鲁王，藩国为古九州之一的兖州，在今山东西部、河北东南部，是孔孟文化的发祥地。据《明史》记载，朱檀"好文礼士，善诗歌"，只可惜"饵金石药，毒发伤目"，在19岁时去世。他是大明朝第一位离世的就藩亲王，因此，鲁王朱檀墓的营建规制和诸多礼仪是明代的第一个案例，为后来的亲王丧葬礼仪所沿用。

1970年至1971年，山东博物馆主持对明代鲁王朱檀墓进行了抢救性考古发掘，出土了大量珍贵文物，有冕弁服饰、家具漆器、文房珍宝、琴棋书画、木俑仪仗等千余件。这些文物既是鲁王朱檀王府生活的真实缩影，也反映了明代初期高超的工艺制作水平，为研究当时的政治、经济、文化提供了极其重要的实物资料，是中国历史文化宝库中的珍贵财富。

此木箱由朱漆与戗金两种技法的复合工艺制成。朱漆，是指在木胎表面髹红色的油漆。戗金，就是在打磨光滑的漆器表面，采用特制的针或细雕刀，刻画、雕镂出凹面纹饰，然后在其中填入特殊的黏合漆，再撒入金粉或贴上金箔，而后将其轻拍牢固、揩拭平整，擦掉多余部分，使填金的纹饰部分与漆器表面相平。若填以银，则称为戗银；若填入其他色漆，则称为戗彩。戗，在这里应为雕镂刻画之意。与描金或贴金相比，戗金工艺使黄金深入漆层内，不易脱落，抗磨损，也使器物纹饰表现不再呆板生硬，更加灵动活泼、洒脱自然。漆器戗金自产生之日起就受到人们的青睐，一直是漆器制作工艺中的一个重要门类，但由于其贵重、复杂，历史上戗金漆器多由上层社会使用。戗金云龙纹箱、盒代表了明初戗金工艺的最高水平。

此朱漆木箱为木胎，箱面髹朱漆，箱里髹黑漆。内分三层，中有套斗，下有抽屉，分置冕、弁、袍等物，其中九旒（liú）冕为目前发现的唯一一件保存完好的明初冠冕实物。顶部及四侧面各饰戗金团龙纹，边部饰花纹带。箱体左右两面上部各有蛇形提梁，前后两面各有四只穿戴鼻。箱

齐鲁瑰宝

的活页、穿鼻、提梁及销钥等，均系铁质，内错金丝工艺。

历时600余年，这只木箱依旧保存完好，为研究明代漆器工艺及家具历史提供了宝贵的实物资料。而鲁王陵墓作为珍贵的文化遗产，如今已是一处集自然风光、历史文化、建筑艺术于一体的景区，继续传承和发扬着中国传统文化。

明代鲁王陵

九十二 镶宝石金带饰
—— 如意映星辉

文物登记卡	
名　　称	镶宝石金带饰
所属年代	明代
文物类别	金银器
文物尺寸	通长17.5cm　宽10cm
出土地点	山东济宁邹城明鲁王朱檀墓
收藏地点	山东博物馆

这件镶宝石金带饰整体呈如意云头状，可拆分为四个部分，中间主件为如意形，左右两侧的云头为活件，一个固定在主件一端，不可拆卸，另一个为活扣式，可拆装；带饰为上下夹层式，主件两层为镂空串枝花卉，两侧活件上层为镂空串枝花卉，下层为金板；带饰边缘錾刻线纹。带饰上层镂空花卉正中镶嵌大蓝宝石1颗，四周分嵌大珍珠4颗、小珍珠4颗、红宝石12颗、猫眼石2颗、祖母绿1颗、绿松石6颗、小蓝宝石2颗、镐纹玛瑙1颗，共镶嵌宝石33颗。整件带饰在众多宝石的映衬下，金碧辉映，流光溢彩，犹如一朵盛开的春花。

　　值得注意的是，这些宝石中许多并非中国原产。尤其是中间紫宝石两边的两颗猫眼石极为珍贵，此类宝石仅产自斯里兰卡，经海上丝绸之路传入中国，而祖母绿则可能来自哥伦比亚，红、蓝宝石多源自东南亚。随着陆路、海上丝绸之路的开辟与发展，大量金银器及先进的镶嵌制作技术进入中国，这件镶宝石金带饰上的异域宝石，也恰与《明史》中明初允许海外诸国入贡者携带货物与中国贸易的记载相呼应，打破了学界对明初海禁政策下对外贸易停滞的固有认知。因此，这件文物不仅是明代藩王奢华生活的缩影，也实证了中西方文化的交流与融合，反映了中西方文化通过物质交流实现的技术融合，展现了明代海上丝绸之路的繁荣景象。

九十二

九旒冕
—— 金旒显帝威

文物登记卡	
名　　称	九旒冕
所属年代	明代
文物类别	服饰
文物尺寸	通高18cm　长49.4cm　宽23.5cm　冠筒径18.5cm
出土地点	山东济宁邹城明鲁王朱檀墓
收藏地点	山东博物馆

朱元璋建立明朝，模仿古制，强调"复汉官之威仪"，从而建立了专门的冠服制度。明初规定，在祭拜天地、祖先及举行其他重大典礼时要着衮冕之服，其中佩戴的礼冠即为旒冕，并用"旒"的数量区分等级高低。

据《明史》记载，明朝皇帝的冕冠前后各有12道旒，每道旒上有12颗赤、黄、青、白、黑五色交替的玉珠；太子与亲王则为9道旒，每道9颗珠。朱檀这件冕冠的綖（yán）板前后各垂9道旒，每道旒上缀有9颗赤、白、青、黄、黑五色玉珠，共计162颗，现存152颗，正符合他的亲王身份。佩戴时，垂旒正悬于眼前，使得佩戴者目不斜视，象征帝王不视非、不视邪。

这顶九旒冕属于明朝开国皇帝明太祖朱元璋之子朱檀。明朝初年，朱元璋为了巩固江山统治，将其23个皇子分封到各地为藩王，朱檀是他的第十子，被封为鲁王。朱檀于明洪武三年（1370年）出生，自幼好诗书礼仪，礼贤下士，博学多识，甚得朱元璋喜爱，15岁就藩兖州，从此兖州即升州为府，辖四州二十三县。洪武二十二年（1389年）底，19岁的朱檀因服丹药毒发伤目而亡，谥号"荒"，因此，后世称他为"鲁荒王"。

九旒冕造型前低后高，表现了帝王谦恭的美德。九旒冕由冠和綖板两部分组成。冠呈圆筒状，由竹篾编制而成，表面覆黑漆纱，再镶以金圈和金边，庄严中透着尊贵；冠的左右两侧上部镶有梅花形的金饰，一根锥形金簪横穿而过，左右两侧下部镶有花形金穿，为穿系朱紘（hóng）缨所用，前后各有一长方形金框纹饰。冕冠上覆盖一木质长方形的綖板，表面覆以黑色罗绢。板下有一玉衡，衡的两端垂有玉石"充耳"，寓意着帝王专心致志，不听谗言。大明王朝覆灭后，清朝爱新觉罗氏入关，九旒冕也就慢慢退出了历史舞台。

这顶九旒冕是我国存世的唯一一件明初亲王冕冠实物，它精确呈现了明代前期亲王用冕的原貌，是研究明代礼制的重要实物资料。

梁冠
——明仪冠上梁

九十三

文物登记卡	
名 称	梁冠
所属年代	明代
文物类别	服饰
文物尺寸	通高27cm 筒径18.5cm
来 源	孔府旧藏
收藏地点	山东博物馆

冠服制度是我国最早的服饰制度，初步建立于夏商时期，逐步完善于周代，春秋战国进一步发展，并被纳入礼制，成为礼仪的表现形式。冠服制度随着等级制度逐步确立而产生，与此相适应，表现在贵贱有等、衣服有别。明代冠服制度承袭唐、宋、元服饰的基本形制，又根据当时的政治环境和社会发展需要进行了调整，以儒家思想为基准，确立了一个有别于以往的服饰系列，梁冠便是其中的重要构成部分。

梁冠的前身是进贤冠。进贤冠是古代官员朝会、祭祀时专用的首服，始于汉代，冠上缀梁，以梁的多少区别等级，常见有一梁、二梁、三梁数种，以三梁为贵。明代延续古代进贤冠制度，进行了创新，改称为梁冠。

明代梁冠的主要创新在于梁数的增加，最高可到八梁，官员等级的划分也更加细致：公爵冠八梁，侯、伯冠七梁，一品冠七梁，二品冠六梁，三品冠五梁，四品冠四梁，五品冠三梁，六、七品冠二梁，八、九品冠一梁。

这顶梁冠为孔府旧藏，残存有五道皮梁。明太祖朱元璋极为推崇孔子及其思想体系，于明朝初年封孔子家族嫡系后裔孔希学为衍圣公，相当于明朝的二品官员。洪武十七年（1384年），孔希学之子孔讷袭封之时，明太祖又吩咐礼部按一品等级来准备相应衣冠服饰。按照当时的服饰制度，一品为七梁冠。在这顶孔府梁冠顶部左侧有一道纵梁印痕，右侧则有结构性缺失，因此，这道梁冠完好时极有可能是一顶七梁冠。不管当时是否真的为七梁冠，此梁冠都是我国迄今为止已知的唯一一件传世的梁冠实物，这点是毋庸置疑的。

这件梁冠由冠额、冠顶和冠耳组成，设计精美，工艺精湛。冠顶采用黑色漆纱质地，保存完好。冠额正中饰有宝相花和金凤，彰显高贵与华丽。冠额和冠耳均以金框装饰，细节考究，显示出明代工匠的高超技艺和对美学的独特理解。作为明代官员服饰的重要组成部分，这顶梁冠不仅反映了当时的社会等级和礼仪制度，也展现了明代服饰文化的丰富内涵和艺术成就。

朝服
—— 衣冠各有制

文物登记卡	
名　　称	朝服
所属年代	明代
文物类别	服饰
文物尺寸	上衣：身长116cm　腰宽62cm　两袖通长249cm　袖宽73cm 下裳：身长91.4cm　腰围132cm
来　　源	孔府旧藏
收藏地点	山东博物馆

朝服是冠服制度的重要构成部分，又称为"具服"，是等级地位较高的一类冠服，在比较隆重的礼仪场合穿着。《后汉书·舆服志下》有记载：天子的穿着采用"深衣制，有袍，随五时色"，天子以下则"皆通制袍，单衣、皂缘领、袖中衣，为朝服云"。说明了天子和大臣的穿着各有规定。明代朝服承袭唐宋之制，但品级划分更为严格精细，以层次分明的七个等级，规定九品间的服饰规范。明代不论文官、武官，一律着梁冠、赤罗衣、赤罗裳、白纱中单等。

这件朝服上衣质地为轻盈纱制，设计为直领和大襟右衽，配以宽大的袖子。领口、襟边、袖口和衣摆都饰有四寸宽的青纱边，典雅中更添庄重。下裳同样采用纱质材料，分为两大片，每片均由三幅织物拼接而成。两侧各打四个褶皱，使其更加灵动和富有层次感。侧缘和底边缘同样饰以青纱，整体风格与上衣相呼应，呈现出统一的美感。这套服饰是一千八百多年朝服历史上唯一可确定的实物，是大明风华的具象体现，可谓弥足珍贵。

明代冠服制度以儒家文化为指导，这顶梁冠和朝服不仅是明代服饰艺术的体现，也是山东地区儒家文化传承的重要物证。

九十五 白色暗花纱绣花鸟纹裙
——马面婀娜舞

文物登记卡	
名　　称	白色暗花纱绣花鸟纹裙
所属年代	明代
文物类别	服饰
文物尺寸	裙长88cm　下摆124cm　腰宽60cm
来　　源	孔府旧藏
收藏地点	山东博物馆

已录入

258　齐鲁瑰宝

这件裙子以平纹假纱组织为地，绞纱组织显花。上部镶白色暗菱纹纱裙腰，两侧缀一对穿鼻，用于固定。裙子为经典的马面裙式，裙分为两大片，每片均由三幅织物拼缝而成，左右相向各打四褶，褶大而疏，裙摆宽大，能够很好地展现女性的优雅身姿，具有明代女裙的独特风采。

裙子底部以鲁绣针法绣制一幅生机盎然的花鸟山石图卷，用红、绿、草绿、蓝、黄、黑等彩色丝线绣山石、小桥流水、牡丹、石榴花、菊花、睡莲、荷花、蜀葵、牵牛花、竹子、梅花、蝴蝶、翠鸟、燕子、鸾凤等纹饰，洋溢一派春日的气息。鲁绣不同于其他绣法，所用丝线比较粗，绣出来的花纹非常立体。整体看来，裙色素雅，彩绣艳丽。

白罗绣花裙不仅是一件服饰，更承载着丰富的文化寓意。白色象征着纯洁、高雅，而绣花则寄托了人们对美好生活的向往和追求。裙身上的花卉、瑞鸟等纹样，往往具有吉祥、富贵的寓意。

马面裙，又名"马面褶裙"，中国古代女子主要裙式之一。宋代，马面裙已具雏形，明清时期最为流行。其基本形制为前后里外共有四个裙门，两两重合，中间有一段光面，这段光面被称为"马面"，是裙子的重要特征之一，故得名"马面裙"。马面裙侧面打裥，裙腰多用白色布，取白头偕老之意，以绳或纽固结。穿着马面裙行走时，裙摆随风飘动，极具美感。

赵秉忠"状元卷"
——忠孝状元郎

〔九十六〕

文物登记卡	
名　　称	赵秉忠"状元卷"
所属年代	明代
文物类别	书法
文物尺寸	每折宽14cm　天头8.6cm　地脚3.3cm 中间行文高35.7cm
来　　源	山东潍坊青州郑母镇赵秉忠第十三代孙赵焕彬捐献
收藏地点	青州市博物馆

已录入

赵秉忠"状元卷"是中国大陆现存唯一一份状元卷真迹。

万历二十六年（1598年），大明朝再度迎来殿试，为国家选拔出新一代的人才。其中最令人瞩目的状元，被一位年仅25岁的年轻人夺得，他便是来自青州府益都县（今山东青州市）的赵秉忠。

赵秉忠（1573—1626年），字季卿，号岘阳，是明代青州府益都县人。他出身官宦之家，自幼聪慧过人，勤奋好学。15岁补府学生，24岁中举人，25岁中状元后，被授予翰林院修撰，此后仕途顺利，历任侍读学士、礼部侍郎，最终官至礼部尚书。后因朝廷内部争斗受到牵连被弹劾去职，直到崇祯三年（1630年）才被追复原官。那时，赵秉忠已去世四年。

赵秉忠受父亲影响颇深，在父亲忠厚仁义品德的影响下，其一生为人正直，宽厚清廉。对待百姓他爱护，对待有才之人他爱惜，任会试同考官期间，为国家挖掘了不少青年才俊。

这件状元卷为23折册页，分前、后两大部分，前一部分是作者及其上三代的简历。首折上方钤有篆书"礼部之印"四字方印，末折骑缝处亦钤此印二分之一。这一部分是被弥封的，封条上钤"弥封关防"的四字长方印。后一部分是正文，全文共2460字，用工整小楷写成，无一涂改，整洁之余是作者思路清晰流畅的体现。试卷首页右上角顶天头有朱书"第一甲第一名"六个大字，为万历皇帝亲手题写，下钤楷书"弥封关防"四字长方印。

万历皇帝所出殿试题为《问帝王之政与帝王之心》，赵秉忠在六个时辰内以中肯的语言，深入浅出地分析了当时的社会矛盾，并针对时弊总共为皇帝提供了10条建议，主张"实心先立""实政继举"才能天下太平安乐，不少观点对我们当今社会仍有借鉴意义。25岁的年纪，能有如此才华与见地，着实令人钦佩。

我国科举制度创立于隋朝中期，于清朝末年废除，前后历时1300余年，诞生了700多名状元，但由于朝代更迭、战争频发及侵略者掠夺等多种原因，保留下来的状元试卷寥寥无几。再加之严密的宫廷档案保管制度，流入民间的更是凤毛麟角。赵秉忠"状元卷"历经400余年风雨，保存至今堪称一大奇迹，因此被称为"海内孤本"。它的发现填补了我国明代宫廷档案的空白，为研究我国古代科举制度提供了真实的资料，也让我们对山东文人追求学术和功名的精神面貌更加了解。

郑燮《双松图》轴
——青松见真情

【九十七】

文物登记卡

名　　称	郑燮(xiè)《双松图》轴
所属年代	清代
文物类别	书画
文物尺寸	纵201cm　横101cm
收藏地点	山东博物馆

元明清 浮世风华

郑板桥（1693—1765年），名燮，字克柔，号板桥，江苏兴化人，清代著名画家、书法家，是"扬州八怪"代表人物之一。他的诗、画、字被世人称为"三绝"：其诗歌语言质朴，情感真挚；绘画风格简练，以墨色的浓淡来营造层次感，擅长画兰、竹、石，尤精墨竹；书法则以行书和草书见长，笔法流畅，形成了独特的"板桥体"。

郑板桥的一生颇为坎坷，曾有十年只能托名"风雅"在扬州以卖画为生。这十年虽然生活艰辛，但也是对他影响重大的十年。十年里，他交游各方人士，结交了金农、黄慎等画坛名家，这段经历对他的性格及思想产生了极大的影响，也影响到了他后续的创作。

此《双松图》轴是郑板桥鼎盛时期的代表作，是他在乾隆二十三年（1758年）送给好友肃翁的作品，他们相识于乾隆二年（1737年）。那是郑板桥考上进士的第二年，他暂留北京，欲在政治上有进一步发展。虽然仕途上存有遗憾，但他却收获了一辈子的挚友。

画的主体是一远一近两棵松树，用墨一浓一淡，苍劲挺拔，错落有致。树下是几竿修竹、怪石和兰花，竹子清瘦孤直，墨色水灵，与松树相互映衬，为画面更添旨趣。

此图左上部有郑燮长题记，其将肃翁比作"如松柏之在岩"，无论风吹雨打、春秋冬夏，20余年来坚定不移。"春夏无所争荣，秋冬亦不见其摇落"。诗、画相互呼应，题诗笔法流畅，狂放不羁。

整幅画中，"画双松图"四个字几乎是最大的，并且被加粗加黑，显然作者有强调之意，突出了这幅画的主题。"双松"不仅体现了二人高洁的品质，还象征了友谊的坚贞，也是郑板桥绘画风格的集中体现。右下角有押角章白文印"七品官耳"，朱文印"丙辰进士"。书、画俱佳，保存完好，是难得一见的珍品。

郑板桥虽然成名并归根于扬州，但他和山东却颇有缘分，在他十余年为官生涯中，他先是被派往山东范县任县令，后又调任潍县县令。郑板桥为官清廉，心系百姓，刚到任潍县时，他的顶头上司向他索要书画，他画竹并赋诗道："衙斋卧听萧萧竹，疑是民间疾苦声。些小吾曹州县吏，一枝一叶总关情。"表现了他时时事事关心民情的心境。

　　艺术是作者精神品格的凝聚，如此看来，郑板桥又何尝不是自己笔墨下苍劲松柏的现实写照呢？

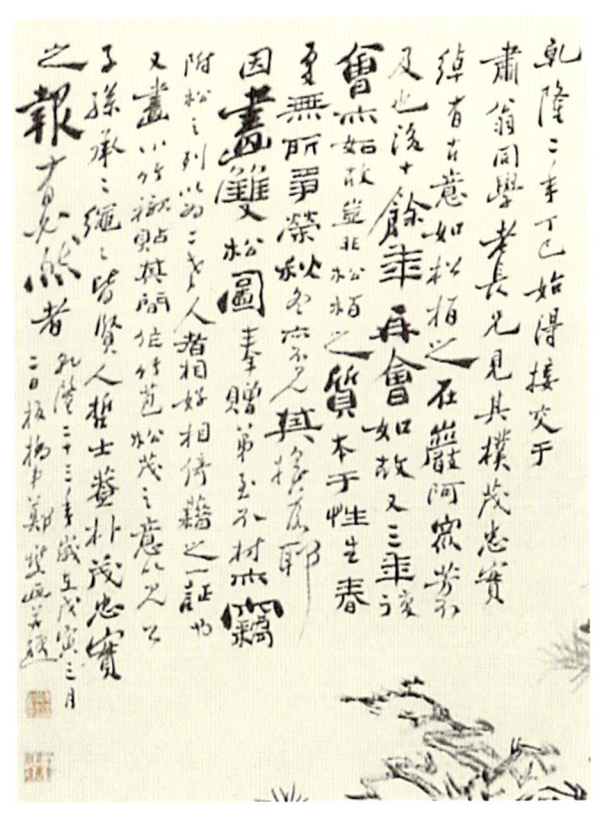

郑燮《双松图》轴题记

禹之鼎《幽篁坐啸图》卷
—— 明月来相照

〔一九十八〕

文物登记卡	
名　　称	禹之鼎《幽篁坐啸图》卷
所属年代	清代
文物类别	绘画
文物尺寸	画心 纵36cm 横77cm
收藏地点	山东博物馆

已录入

禹之鼎（1647—1716年），字尚吉，一作上吉、尚基、尚稽，号慎斋，本籍扬州府兴化县人，后寄籍江都（今江苏扬州）。因扬州、江都古称广陵，故自署常称"广陵"人。以画供奉畅春园。擅山水、人物、花鸟、走兽，尤精肖像。由于所绘肖像形神兼备，禹之鼎被誉为康熙年间的"肖像国手"。

《幽篁坐啸图》是禹之鼎的代表作之一，是他按照清代著名诗人、文学家王士禛的要求，以唐代大诗人王维诗句"独坐幽篁里，弹琴复长啸。深林人不知，明月来相照"的意境创作的。

王士禛（1634—1717年），字子真、贻上，号阮亭、渔洋山人，山东淄博人。他出生于官宦世家，其家族在齐鲁地区声名显赫，家中四代官至尚书，王士禛为其中之一。王士禛一生为官清廉，恪尽职守，政绩斐然，同时，他在诗文创作与理论上亦颇有成就。他早年与诸名士集会济南大明湖，赋《秋柳诗》，因结诗社，一时和者众多，从此名闻天下。王士禛于诗倡导"神韵说"，此说与性灵说、格调说、肌理说并为清初四大诗歌理论派别。"神韵"一词，早在南齐谢赫《古画品录》中就已出现，但是直到王士禛才把"神韵"作为诗歌创作的根本要求提出来。

禹之鼎擅长写真。在这幅画中，他所描绘的王士禛临坐于铺有裘皮的磐石之上，眉清目秀，长发朱唇，横琴未弹，若有所思，极具诗人学者的气质。他的衣纹线条流畅而生动。背景中，以水墨绘就的幽篁挺拔而秀美，使得整个画面充满了文人画的韵味。溪流自远处缓缓而来，又向远处淡去，营造出一种幽静深远的氛围。皓月当空，更增添了画面的寂静与雅趣。

《幽篁坐啸图》展现了精湛的技艺、深远的意境和独特的风格，是中国古典绘画中的经典之作。

沉香木狮子／温凉玉圭／黄釉青花缠枝莲纹葫芦瓶

【九十九】

——泰山三件宝

元明清 浮世风华

文物登记卡

名 称	沉香木狮子/温凉玉圭/黄釉青花缠枝莲纹葫芦瓶
所属年代	清代/清代/明代
文物类别	雕刻/玉器/瓷器
文物尺寸	木狮1：高37.5cm　长36.5cm 木狮2：高36cm　长38cm 玉圭：长92.5cm　上宽29.1cm　下宽21.2cm 葫芦瓶：高22.5cm　口径3.1cm 　　　　上腹径7.3cm　下腹径10.9cm　底径6.3cm
收藏地点	泰安市博物馆

已录入

泰山是五岳之首，有着壮丽的自然风光和深厚的文化底蕴，一直被历代帝王视为神圣之地，是中国古代文明和信仰的象征。

乾隆皇帝对泰山有着特别的崇拜之情，他一生中曾多次亲临泰山进行祭祀活动。据记载，乾隆皇帝在位的60年间，曾10余次到泰山祭拜，其中六次登上泰山玉皇极顶，留下140多首咏颂诗、130多块碑碣，是中国古代帝王中到泰山祭祀次数最多、留下诗篇、碑碣最多的一位皇帝。每次到泰山祭祀，乾隆皇帝都要带去丰厚的祭器。据《泰山志·盛典记》记载，从1742年到1795年的53年间，乾隆御赐泰山岱庙祭器数量多达300多件。其中，沉香木狮子、温凉玉圭、黄釉青花缠枝莲纹葫芦瓶被称为"泰山三宝"。

这对沉香木狮子是乾隆皇帝于乾隆二十七年（1762年）赐给泰山岱庙的珍品，用沉香木的树疙瘩精心镌刻黏合而成，沉香表面凹凸的疙瘩形成狮子的卷毛。两只狮子通体乌黑，前腿直立，后腿蜷曲蹲坐，尾巴高高翘起，双目圆睁，嘴巴微微咧开，露出牙舌。两只狮子看着一样，但形态、胖瘦上又略有不同，炯炯有神的眼睛仿佛在与人对视，看上去活灵活现，生动可爱。

沉香，是一种含树脂的树木，它不仅可以用来雕刻工艺品，还是珍贵的香料和上等药材，一块优质的沉香木的形成往往要经历数十个春秋甚至是上百年风雨。物以稀为贵，优质沉香木一直深受皇室贵族和收藏家们的喜爱，乾隆皇帝将这对珍贵的沉香木狮子赐给泰山岱庙，足见他对泰山的钟情。

温凉玉圭是乾隆皇帝为恭贺其母孝圣宪皇太后寿辰，于乾隆三十六年（1771年）东巡泰山拜谒岱庙时御赐。玉圭由一块和田青玉打磨而成，分上、下两段，色白微青，又称"青圭"或"苍玉圭"。长条形，上尖下方。上截的上部浮雕曲线连接的三个圆星，分别代表日、月、星，下部浮雕海水江崖，分别代表河、海、岱，寓意泰山神掌管天地大宗；下截阴刻"乾隆年制"四字楷书款。当用手触摸时，上半截玉圭手感凉爽，而下半截玉则手感温和。这是由于这块玉圭的上下两半截密度不同，上半截密度较高，不易受周围温度影响，而下半截质地较松，容易吸收手的温度，因此，当双手同时触摸这块玉圭的上下部分时，会明显感受到上下两截温度的差异。

玉圭是礼器的一种，《周礼·春官·大宗伯》载："以青圭礼东方。"泰山位居东方，向来被视为万物生发之地，可见乾隆皇帝以青玉为圭礼奉，是严格遵循传统礼制的。

这件黄釉青花缠枝莲纹葫芦瓶为明嘉靖时期景德镇御窑制品，瓶身通体黄釉青花，纹饰7层；盖顶为青花色，盖身饰3朵云纹，上腹饰3朵缠枝莲，下腹饰4朵缠枝莲，束腰处饰9朵五瓣梅，下腹肩部两条青花线之间饰一周三角几何图案，底为卧足，有"大明嘉靖年制"青花楷书款。此瓶造型古朴，线条柔和，青花色泽蓝中泛紫，系典型嘉靖时期回青料青花色泽。葫芦谐音"福禄"，配上缠枝莲纹样，寓意"福禄寿意绵延"。

元青花蓝色沉静，纹饰华美，明代嘉靖年间的青花则以色彩艳丽斑斓而闻名，主要使用的颜色包括红、黄、绿、紫、孔雀蓝、橘红等。在嘉靖时期还有一种流行画法，称为"黄上红"，即是先用红彩勾勒轮廓或结构，再上黄色，此瓶便是运用了相同手法的"黄上蓝"。黄色与皇家御用紧密相关，在中国色彩中有着至高无上的地位，可见这件黄釉葫芦瓶的含义非凡，乾隆对泰山的重视可见一斑。

近現代
大道之行

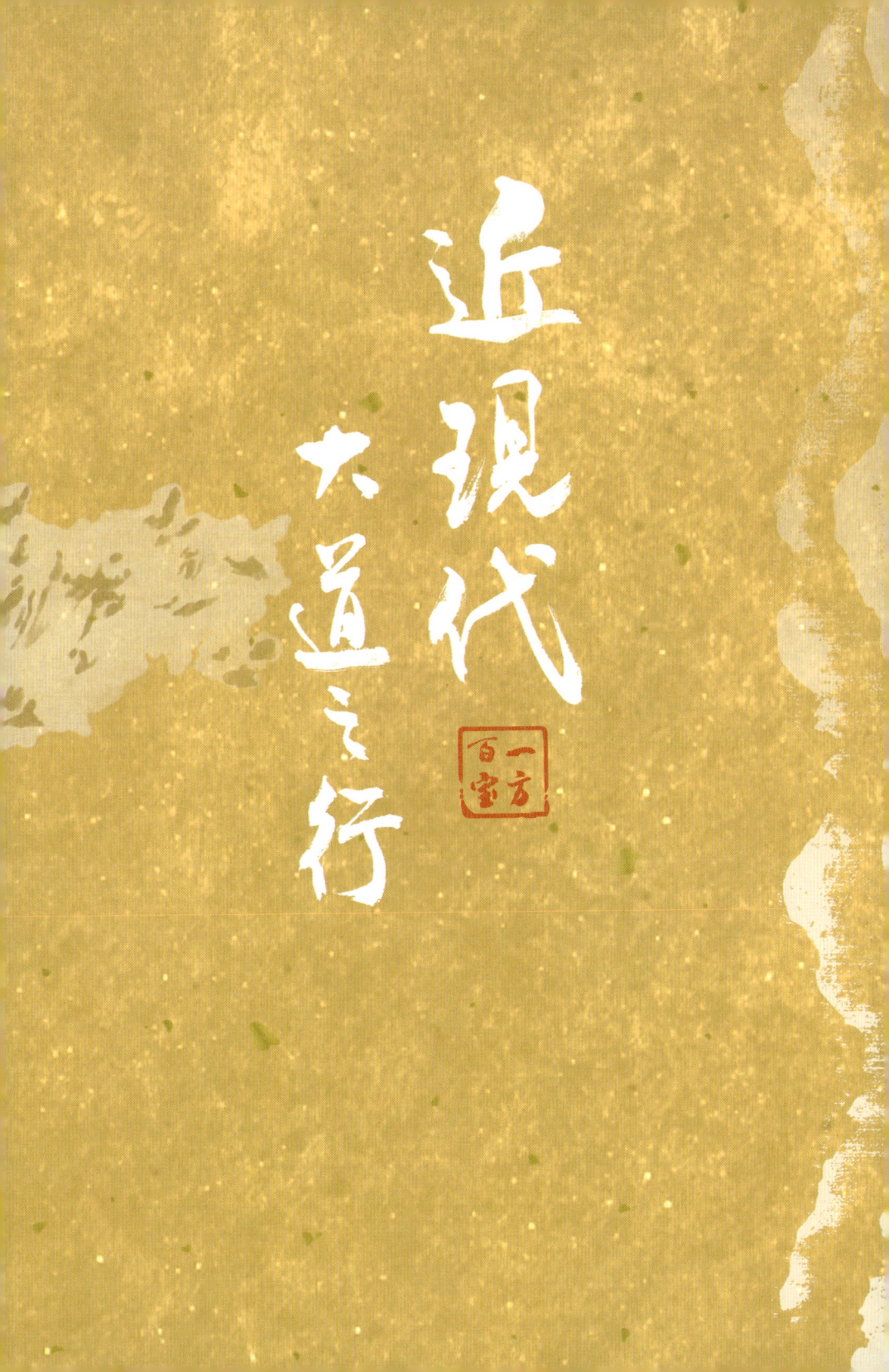

二百 "支前京沪杭 功扬沂蒙山"锦旗
——不惜为国捐

文物登记卡	
名　　称	"支前京沪杭 功扬沂蒙山"锦旗
所属时期	解放战争时期
文物类别	革命文物
文物尺寸	纵144.5cm 横70cm
收藏地点	山东博物馆

这面锦旗是华东第三野战军第二十军后勤部赠给沂蒙担架团五营的，其上镌刻着"支前京沪杭 功扬沂蒙山"的豪迈题词。这十个字，铿锵有力，深刻诠释了"党群同心、军民情深、水乳交融、生死与共"的沂蒙精神，生动展现了该担架团源自沂蒙，历经战火洗礼，终获荣耀归来的不朽篇章，成为这一伟大感人事迹的见证。

解放战争时期，山东人民在党的坚强领导下，积极投身淮海战役、渡江战役等关键战役之中，为全国解放立下了汗马功劳。据不完全统计，在全国范围内展开的100多场重大战役中，山东人民直接支援了其中的30余场；而在山东本土，更有超过20场战役完全依赖于山东人民的全力支持。革命战争时期，沂蒙老区420万人口中，就有120万人参战支前，20万人参军入伍，10万英烈为国捐躯。

此面奖旗，不仅是淮海战役中沂蒙担架团穿梭于枪林弹雨间、英勇救援伤员的证明，更是沂蒙人民忠诚于国家、质朴敦厚、坚韧不拔、勤劳勇敢革命精神的集中体现。沂蒙精神如同一座丰碑，永远矗立在人们心中，激励着后人不断前行。

后记
POSTSCRIPT

　　《一方百宝：齐鲁瑰宝——百件文物看山东》，作为"一方百宝"系列首部作品，凝聚着我们诸多的期望与努力。从文物遴选、资料收集，到文物确定、专家评审，再到文案编写、版面设计，每一个环节都历经反复打磨与凝练。

　　面对山东丰富的文物资源，挑选文物是一项巨大的挑战。山东博物馆滕卫承担了文物遴选的重任，全面梳理了山东省考古发掘出土的文物以及各级、各类博物馆的馆藏，在浩瀚的文物海洋里，综合考虑文物时代、类别、工艺、价值等多方面因素，在全省文物中初选出200件典型文物。山东博物馆学术委员会又从中精选出120件套文物，按照编辑计划与要求形成样书。为确保书籍质量，特邀王永波、王守功、任相宏、郑同修、杨波、赵鑫桂等省内专家对样书进行了评审，对入选的120件文物进行了再次遴选，最终确定了100件文物入书，并对文稿的体例、结构与内容进行审阅，提出了许多有建设性的意见和建议。

　　在充分吸纳专家意见的基础上，山东博物馆成立了工作专班，按时代对文稿内容进行了再次修改校对。滕卫负责全书的统编，确保本书的文风与内容的协调与统一。特别需要说明的是，书中部分文物信息存在缺失，经收藏单位重新核准后有所更新，若与其他公开数据存在差异，皆以本书核定版本为准。

　　现在，在多方共同努力下，《一方百宝：齐鲁瑰宝——百件文物看山东》终于要与广大读者见面啦！在此，感谢山东省各文博单位对本书编写的大力支持，为本书提供了丰富的文物信息及图片资料；感谢各位专家学者为本书提出的宝贵意见、建议，升华了本书的内容与形式；感谢北京增艳锦添公司共同创意策划和为保障本书的出版所做出的努力。也衷心感谢所有为本书的出版付出辛勤劳动的作者、编辑和工作人员，正是大家的共同努力与付出，使得本书得以顺利完成。期望这本书能够得到广大读者的喜爱与认可，为赓续、传承中华优秀传统文化贡献一份力量。

编者